飛田和緒の得意が見つかる定番ごはん

緒

ONE PUBLISHING

はじめに

毎日ごはんを作るというのは、本当に大変なこと。買いものからはじまって、準備をして調理をして、食べたあとも片づけがある。それでも続けてこられたのは、自分で作ることで満足できるところが多いから。好きな食材、好きな味、そのときどきで食べたいものを自分好みに作ることができるなんて幸せなことです。だからずっと作り続けてこられたのだと思います。

台所仕事を積み重ねるうちに、自分の料理スタイルが見えてきて、道具も器もそれに合うものがそろってきました。そう、得意な料理は何度も、何度も作って完成します。自分の台所を初めて持ったときは、誰かがおいしいと言ったもの、テレビで見たものを手探りで料理していましたが、いつしか母や祖母が作って食べさせてくれた料理が得意になっていました。わたしにとってほっとする味だったのです。

タイトルの「得意」はよく使う食材、あるいは食べたことがあるものを使って料理をすれば、納得できる味が見つかるのではないかと思うのです。頭で考えなくても体が自然に動いて、さっとできるくらいになれば、もうそれは得意と言ってもいいでしょう。

得意になるには毎日のように好きな食材を扱うことが大事。たまーに、ときどき手にとるくらいでは得意になるまでに時間がかかります。ならば安価で、手にとりやすいものを使ったレシピをご紹介しようとなりました。

まずは卵、次に豆腐。そして牛切り落とし肉は毎日食べるものではないけれど、あえて入れたのはごちそう感があることから。切り落としなら、お財布にもやさしく扱いやすいので。たまには食卓が華やぐ一皿も得意になっておきたいです。

この3つの食材を使いこなせれば、基本的な料理はほぼ作れるようになりますし、何度も繰り返し作ることで自信も出てきます。そうなれば、誰かにごちそうしたくなります。家族や友人、恋人に得意料理をぜひ作ってあげてください。

飛田和緒

もくじ

はじめに……2
得意を見つける3つのポイント……6
得意料理ができると……8

1章 卵
卵からはじめましょう

まずはこの1品
だし巻き卵……12
甘い卵焼き……15

ゆでる
ゆで卵……16
漬け卵……17
卵サンド……18
ゆで卵のオープンサンド……19
ミモザサラダ……20
ゆで卵とかぼちゃのサラダ……21
熱々ゆで卵のソースがけ……22

焼く
目玉焼き……24
折りたたみ目玉焼き……25
プレーンオムレツ……26
スパニッシュオムレツ……28
スクランブルエッグ……30
かに玉……31

炒める
さけのピカタ……32
フレンチトースト……34
三宝炒め……36
トマトと卵の炒めもの……37
卵チャーハン……38

蒸す
茶碗蒸し……40

煮る
卵きんちゃく煮……42
卵おでん……43
しいたけ、ごぼうの卵とじ……44
ダブル卵丼……45

卵のとっておき!
カルボナーラ……46
オムライス……48
和風オムライス……50
えびフライ タルタルソース……52

飛田さん流
卵かけごはんの楽しみ方……54

2章 豆腐
豆腐があればなんとかなる

まずはこの1品
豆腐ステーキ……58
豆腐ステーキ
トマトソースがけ……61

やっこ
ザーサイときゅうりの
冷ややっこ……62
豆板醤とごま油の冷ややっこ……62
タルタルとベーコンの
冷ややっこ……62
温やっこのえびきのこあん……64

白あえ
豆腐サラダ……65
野菜とこんにゃくの白あえ……66
柿とさつまいもの白あえ……67

煮る
肉豆腐……68
炒り豆腐……69
たらこ豆腐……70
豆腐と油揚げの煮もの……71

蒸す
豆腐とたらの蒸しもの……72
豆腐とひき肉の蒸しもの……73

こんな使い方もあります
ふわふわ豆腐クリーム……74
豆腐生クリームのグラタン……75
手作り油揚げ……76
豆腐のお好み焼き……77
豆乳湯豆腐……78

鍋
スンドゥブチゲ……80

豆腐のとっておき!
揚げ出し豆腐……82
がんも……83
豆腐チャンプル……84
麻婆豆腐……86

3章 牛切り落とし肉

牛切り落とし肉でワンランクアップ

まずはこの1品

ビーフストロガノフ …… 92
にんじんライス／バターナッツライス／チーズライス …… 95
青椒肉絲《チンジャオロースー》 …… 96

炒める

牛肉のレモンバター炒め …… 97
牛肉と夏野菜のオイスター炒め …… 98
牛肉炒めの生トマトソースがけ …… 99

煮る

肉じゃが …… 100
牛肉と昆布の炒め煮 …… 101
牛肉とごぼうのトマト煮 …… 102
牛肉とじゃがいものシチュー …… 103

焼く

みそ漬け焼き …… 104
肉巻きのみそがらめ …… 105

こんな使い方もあります

ドライカレー …… 106
たたき牛肉ハンバーグ …… 108

サラダ

きのことれんこんの牛肉サラダ …… 110
牛肉の甘辛炒めのせサラダ …… 111

ごはんもの

牛肉入りガーリックライス …… 112
牛肉と豆もやしの炊き込みごはん …… 113
牛丼 …… 114

あえもの

牛肉の香味あえ …… 116
牛肉とキャベツの辛みごまあえ …… 117
牛肉ときゅうりのごま酢あえ …… 117

牛切り落とし肉のとっておき！

牛肉コロッケ …… 118
牛カツ …… 120
牛肉のり巻き2種 …… 122

Column 1

アレンジ力をアップする

フレンチトーストで

ジャムのせフレンチトースト／塩味フレンチトースト／バゲットフレンチトースト …… 88

豆腐ステーキで

大判豆腐ステーキ／照り焼きステーキ／生トマトソースがけステーキ …… 89

Column 2

献立の幅を広げる汁もの・スープ

卵で

かき玉汁 …… 124
卵入り野菜スープ …… 125

豆腐で

豆腐のみそ汁／細切り豆腐のおつゆ …… 126

牛切り落とし肉で

牛肉としめじのスープ／牛肉とレタスのスープ …… 127

この本の決まりごと

- 1カップは200㎖、大さじ1は15㎖、小さじ1は5㎖です。「一つまみ」は親指、人さし指、中指の3本で軽くつまんだ量のことです。
- ガスコンロの火加減は、特に記載がない場合は中火です。
- 電子レンジの加熱時間は500Wのものを基準にしています。フライパンはフッ素樹脂加工のものを使っています。
- 塩は精製されていないものを、特に指定がない場合しょうゆは濃口しょうゆ、酒は日本酒、砂糖は上白糖です。こしょうは黒粒こしょうをひいて使っています。
- オリーブ油はエクストラバージンオリーブ油を使用しています。米油は米ぬかから抽出される植物油で、好みの油でも。

得意を見つける3つのポイント

1 好きな味を見つける

食材と調味料、料理方法の組み合わせで
好きな味を見つけてください。
好きな味なら絶対に失敗がありません。
たとえ失敗しても、
リカバリーもできるほど
得意になっているはずです。
自分が納得しておいしいと思う味は、
何度食べてもおいしい
飽きない味だと思います。

2 簡単からじゃなく、〝憧れのもの〟を目指す

初めて台所に立つ方なら、
まずは簡単なものからと言いたいところですが、
ほんの少し背伸びして、
これ作りたい、作ってみたい
と思う料理を目指すのも
得意料理につながる一歩かと思います。
ハードルが高いと思っていたものが、
自分の手で自由に作れるようになったときの
高揚感といったら……。
料理を作ることの楽しさは
そんなところにもあるのかなと思います。

3

最初は2品を2回は作りましょう

得意料理をたくさん増やすことよりも、
2品くらいを何度も繰り返し作ることで
自信をつけてください。
1回目で上手にできても、
2回目は気が抜けたのか、
またはさらにうまくやってやろうと
気負いが出たのか、
思うようにできなかったなんてことは
よくあること。
自然に体が動くくらいまで突き詰めてみて。
得意料理は何品もなくていいんです。
これだけは自慢できる1品を
作って欲しいと思います。

得意になれば、
朝ごはんにプレーンオムレツ（P26参照）も
ささっと作れる。

得意料理ができると……

一番は迷いなくできるから、
すべてにおいて時短になります。
レシピをいちいち開くこともないでしょうし、
なんなら大さじ小さじや
カップで計量することもなく、
目分量でとなれば、
使う道具も少なくなり、動線もスムーズ。
あと片づけを含めてあっという間に
調理が終わります。

ビーフストロガノフ（P92 参照）と
ミモザサラダ（P20 参照）で人を招いて
一緒にごはん。

そうなると、ごはん作りが
面倒から楽しい、おもしろいになってきます。
次は食材の切り方を変えてみようかな、
調味料を変えてみよう、
盛りつける器はどうしようかな、
なんて余裕が出てきて、
自然に応用ができるようになってくるのです。
そうすると、
得意料理のアレンジが一気に広がります。
得意料理があれば、人を呼びたくなります。
友人を招いて一緒にごはんを食べる日も、
持ち寄りのごはん会も
夢ではなくなりますね。

1章 卵

卵からはじめましょう

卵はいつ出番がきてもいいように常備しておくと便利です。

目玉焼きは半熟に焼くのか、白身の縁がカリカリになるまで焼くのか、黄身までしっかり火を通すのか、
白身を折りたたんで黄身を中に忍ばせて袋状にしたり、返して両面焼きにしたり……

目玉焼きだけでも何通りもできます。

調味料や油を変えれば和、洋、中、エスニックの味わいを楽しめますから、卵料理は無限大。

何よりいいのは簡単に扱えて、火通りもいいからさっと仕上がる。

どんな料理にしても、黄身の黄色はおいしそうと感じさせてくれます。

献立に卵料理が一つ入るだけで、食卓がパッと明るくなるのも魅力です。

得意を見つけるには、卵はイチ推し！

〝卵料理〟からはじめましょう。

卵のよいところ

値上がりしましたが、それでも値段が手ごろ

食物繊維とビタミンC以外を含み、栄養のバランスが抜群

生でよく、焼いても煮ても蒸してもよく、幅広い料理に使える

まずはこの1品

だし巻き卵

だし巻きのおいしさは、卵のやさしい味とだしがふわっと香るところ。
そして口に入れるとジュワッとだしがしみ出してくるところがたまらない。
コツは油をケチらないこと。
焼きはじめたらリズムよく、一気に仕上げることです。
油をしっかりと使って卵になじませていけば、
卵がふんわりと仕上がります。
さらにだし汁が増えるとよりふんわり、ジュワッになりますが、
まずはだし汁大さじ1からはじめて大さじ3を目指しましょう。
そして決して鍋と箸だけで作ろうとせず、無理なときにはフライ返しを使い、
くっつかないフッ素樹脂加工の鍋で作ればいいのです。
作り続けることが大事。
繰り返し作ることで、きっと道具にもこだわりが出てくるはずです。

まずはこの1品

だし巻き卵

材料（2人分）

卵……3個
だし汁（下記参照）……大さじ1
しょうゆ……小さじ1
大根おろし……適量
米油……約大さじ1

作り方

1 ボウルに卵を割り入れ、だし汁、しょうゆを加えて白身がほぐれるまでよく混ぜる(Ⓐ)。

2 卵焼き器をよく熱してから、米油を半量ほど入れてなじませる(Ⓑ)。1の卵液⅓量を流し入れて全体に広げ(Ⓒ)、下が焼けてきたら端に寄せる(Ⓓ)。

3 あいたところに米油少々をなじませて、残りの卵液の⅓量を流し入れ、端に寄せた卵の下にも行き渡らせ焼く(Ⓔ)。焼けてきたら、寄せた卵を芯にしてくるりと巻く(Ⓕ)。

4 3をあと2回繰り返して焼き、形を整えて(Ⓖ)まな板にとり出す。食べやすく切って器に盛り、大根おろしを添える。好みで大根おろしにしょうゆを少しかける。

Ⓐ 白身がほぐれるまでよく混ぜる。

Ⓑ 卵焼き器はしっかりと温め、油を入れてなじませる。

Ⓒ 卵液の⅓量を流し入れ、手早く広げて焼く。

Ⓓ 卵の下が焼けてきたら手前に寄せる。手前でも向こう側でもやりやすい方で。

飛田さん流 だし汁のとり方

材料（作りやすい分量）と作り方

保存用ポットに昆布10㎝×5㎝1枚、削りがつお節30gを入れ、水2ℓを注ぎ、冷蔵庫に一晩おく（半量にして1ℓでもよい）。3〜4日で使いきる。

Ⓔ 次の卵液を流し入れたら、寄せた卵を持ち上げて下にも行き渡らせる。

Ⓕ 寄せた卵を芯にしてくるりと巻く。

Ⓖ 卵液をすべて焼いたら形を整えて火を止め、とり出す。

アドバイス

卵焼き器は18×12㎝のものを使っています。これは銅製ですがフッ素樹脂加工のものでも。

バリエーション

甘い卵焼きはだし汁がない分、少し焼き色がついてほんのり香ばしくも。汁が出にくいのでお弁当におすすめ。

甘い卵焼き

材料（2人分）

卵……3個
砂糖……大さじ1½～2
淡口しょうゆ……小さじ½
甘酢しょうが……適量
米油……約大さじ1

作り方

1 ボウルに卵を割り入れ、砂糖、淡口しょうゆを加えてよく混ぜる。
2 「だし巻き卵」と同様に焼く。食べやすく切って器に盛り、甘酢しょうがを添える。

好みの固さはゆで時間で決まります

6分ゆで
黄身がようやく固まったとろとろ状態

8分ゆで
黄身がほんの少しやわらかな半熟

12分ゆで
黄身がすべて固まり、かたゆで卵に

卵はゆで時間によって、黄身の固まりに違いが出ます。ゆで卵として食べてもよいのですが、つぶしたり、刻んだりして料理に使います。

ゆで卵

材料（作りやすい分量）

卵……3個

＊冷蔵庫から出し、常温におく。

作り方

1 沸騰した湯に、1個ずつ静かに入れる(Ⓐ)。好みの固さになるまで6分（または8分、12分）ゆでる。

2 水(できるだけ冷たいもの)にとって冷まし、殻をむく。

Ⓐ

アドバイス

卵の大きさ、火加減や鍋の大きさによっても多少差が出るかもしれませんが、まずはこれを目安に作ってみてください。ゆで時間が短すぎると白身が固まっていない状態となり、殻がむけませんので注意します。

ゆで卵に調味料をからめておけば1品に

調味料が少なくすむようにポリ袋に入れ、調味料と合わせて口を縛って冷蔵庫へ。

漬け卵

材料（卵2個分）

卵……2個

しょうゆ、黒酢または酢……各大さじ½

作り方

1 沸騰した湯に卵を静かに入れ、8分ゆでる。水にとって冷まし、殻をむく。

2 ゆで卵の水けをふきとり、ポリ袋に入れ、しょうゆ、黒酢も加える。空気を抜くようにして口を縛る。途中で2～3回転がし、冷蔵庫に1時間ほどおく。3日くらいで食べきる。

アドバイス

味つけはしょうゆ、オイスターソース、ナンプラー、みそ、ウスターソース、ケチャップと調味料を変え、そこに酸味を足したり、辛味や香りのあるものを足して味つけします。

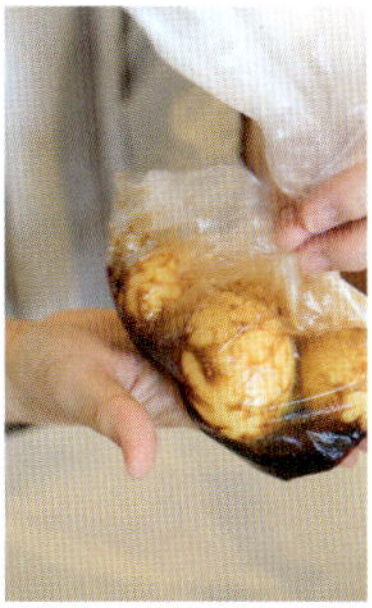

ゆで卵はみじん切り。たっぷりのマヨとあえて

ふんわりやわらかなパンとマヨあえのゆで卵を頬張ったとき、自然と顔がほころびます。幸せな味。ゆで卵は12分ゆでての固ゆでがおすすめです。

アドバイス
食パンは10枚切りでもよく、ミミは好みで残しても。

卵サンド

材料（2人分）
- 卵……3個
- 食パン（12枚切り）……4枚
- マヨネーズ……大さじ3～4
- 塩……1つまみ
- バター……適量
- きゅうりのピクルス……適量

作り方

1 沸騰した湯に卵を静かに入れ、12分ゆでる。水にとって冷まし、殻をむく。

2 ゆで卵はペーパータオルで水けをとり、みじん切りにする。またはフォークや小さなマッシャーでつぶし、マヨネーズ、塩を加えて混ぜる。

3 パンの片面にバターを薄くぬって、パン2枚に2を等分にのせて広げ、残りの2枚ではさむ。パンのミミを切り落として3等分に切り分け、器に盛り、ピクルスを添える。

アドバイス

スモークサーモンの代わりにハムやツナなどでもよく、サラダ菜はレタスや薄切りのきゅうりでも。

オープンサンドはかわいい輪切りで

野菜やハムなどと一緒にトーストにのっけるだけ。ボリュームもあり、見た目も華やかなので、朝ごはんにすると気分が盛り上がります。

ゆで卵のオープンサンド

材料（2人分）

卵……2個
食パン（好みの厚さ）……2枚
スモークサーモン……4枚
サラダ菜……2〜3枚
バター、塩、こしょう……各適量

作り方

1 沸騰した湯に卵を静かに入れ、12分ゆでる。水にとって冷まし、殻をむく。薄い輪切りにする。

2 食パンはオーブントースターで焼き、バターを薄くぬる。サラダ菜、スモークサーモン、ゆで卵をのせ、塩、こしょうをふる。マヨネーズを絞ってもおいしい。

ザルでこしたらミモザの花のように華やかに

ゆで卵を黄身と白身に分けて、黄身はザルで裏ごしし、白身は包丁で刻むと、お花のミモザのように見えることからこの名前が。黄身の裏ごしがひと手間ですが、見た目も大事に。

アドバイス

裏ごしした黄身はやさしくスプーンなどを使ってサラダにかけてください。裏ごししたての黄身はとても繊細、ていねいに扱います。ゆで卵がつるりとむけないとき、そのあとは決まってこのミモザサラダか、卵サンドの具になります。

ミモザサラダ

材料（2人分）

- 卵……1個
- レタス……1/4個
- サラダ菜……1/2個
- A
  - 塩……小さじ1/3
  - こしょう……少々
  - 白ワインビネガー……大さじ2
  - マスタード（あれば）……小さじ1/3
- オリーブ油……大さじ4

作り方

1 沸騰した湯に卵を静かに入れ、12分ゆでる。水にとって冷まし、殻をむく。

2 レタスとサラダ菜は冷水につけてパリッとさせ、水けをしっかりとりきり、食べやすくちぎって器に盛る。

3 ゆで卵は白身と黄身に分け、白身は包丁で刻んで2に散らす。黄身はザルにのせて裏ごしをして、白身の上にやさしくのせる。よく混ぜたAをかける。

ほっこりかぼちゃとゆで卵にマヨの酸味がたまりません

蒸したてのかぼちゃに甘酢を合わせてから、マヨネーズであえるとマヨネーズの味がしっかりととのります。

アドバイス

切り口を下にして安定させ、皮をところどころ切りとります。

ゆで卵とかぼちゃのサラダ

材料（作りやすい分量）

卵……3個
かぼちゃ……1/4個
ハム……3枚
甘酢……大さじ1
マヨネーズ……大さじ4
塩……ニつまみ

＊甘酢は酢、砂糖各大さじ1、塩小さじ1/4を合わせたもので大さじ1を使用。

作り方

1　かぼちゃは種とワタを除き、皮をところどころ切り落とし一口大に切る。ハムは1cm角に切る。

2　耐熱皿にかぼちゃを並べ、ふんわりとラップをして電子レンジに6〜7分かける。竹串がスッと通るようになったら水けをふき、ボウルに入れ、甘酢を加えて混ぜる。

3　沸騰した湯に卵を静かに入れ、12分ゆでる。水にとって冷まし、殻をむいて6等分くらいに切ってかぼちゃに加える。粗熱がとれたら、ハム、マヨネーズを加え混ぜ、味をみて塩でととのえる。

ホットなゆで卵の黄身のなめらかさを味わって

初めて欧州を旅したときに、毎朝熱いゆで卵が朝食に出ました。ホットなゆで卵の黄身のなめらかさと、その熱さに感動した思い出の1品。

熱々ゆで卵のソースがけ

材料（2人分）

卵……2個

アンチョビーソース

アンチョビーのみじん切り……3枚分

パセリのみじん切り……小さじ1

オリーブ油……大さじ1½

たらこソース

たらこ（薄皮を除く）……大さじ2

おろしにんにく……ほんの少し

米油……小さじ2

＊ソースは作りやすい分量。

作り方

1　ソース2種類の材料をそれぞれ混ぜておく。

2　沸騰した湯に卵を静かに入れ、6分ゆでる。水にはとらずに、熱いうちにエッグスタンドなどにのせる。

3　卵の先を切り(A)、好みのソースをのせてスプーンですくって食べる。余熱で黄身がかたくなるので、ゆでたらすぐに食べる。

アドバイス

卵が立っていないと食べにくいですし、手では持てない熱さですから、まずはエッグスタンドを買うことから、または卵が立つくらいの大きさのココットなどを用意することからはじめましょう。スプーンの代わりに、ゆで野菜、例えばアスパラガスやさやいんげんなど細長い形の野菜や、食パンを細切りしたもの、パンのミミなどを卵につけて食べてもおいしいです。

A ナイフで切りとる。

周囲はカリッと黄身は半熟仕上げならふたはしないで

白身のまわりをカリッと香ばしく焼いて、黄身は半熟というのが我が家の目玉焼き。でもこれが案外難しくて、目玉焼きのときにはフライパンから離れず、じっと焼き具合を見ています。

目玉焼き

材料（2人分）
- 卵……2個
- 塩……一つまみ
- こしょう……少々
- オリーブ油……小さじ2

作り方

1 フライパンにオリーブ油を熱し、卵をそっと割り入れる。

2 中火で、好みの焼き加減まで焼く。黄身まで完全に火を通したいときはふたをして蒸し焼きにする。器に盛り、塩、こしょうをふる。

バリエーション

両面焼き

目玉焼きの両面を焼くと、香ばしさが増します。黄身まで火を通せばお弁当のおかずにも。卵を割り入れて中火で焼き、白身に火が通り、黄身が半熟くらいになったら返して両面を焼きます。

アドバイス

黒こしょうをふって、しょうゆをかける。ソースをかける。塩だけ。その日の気分で味つけします。卵はフライパンに近いところで、そっとやさしく割り入れると卵黄が割れることなく、卵白の広がりも小さく済むようです。火傷に注意しながら、割り入れてくださいね。

目玉焼きをパタンと折ったらかわいい形に

白身と黄身が
半熟のときに
折りたたんで焼くと、
目玉焼きが袋状のような
形になって
かわいく仕上がります。

折りたたみ目玉焼き

材料（1人分）

卵……1個
スイートチリソース……適量
らっきょう漬け……適量
米油……小さじ1

作り方

1　フライパンに米油を熱し、卵をそっと割り入れ、中火で半熟になるまで焼く。白身がまだやわらかなうちに二つ折りにし、両面を焼く。

2　器に盛り、スイートチリソースをかけ、らっきょう漬けを添え、あればパクチーも添える。

アドバイス

市販のスイートチリソースをかけて、らっきょう漬けを添えるとお酒のあてにもなります。

フライパンの形を利用すれば
意外に簡単です

バターとオリーブ油を
卵液と混ぜながら焼くと、
油の効果でふんわり焼けます。
火加減はやや強めの中火で一気に仕上げます。
フライパンの中で形を整えようとせずに、
皿に返してから、ペーパーなどで
ふんわりと包んで整えればよいのです。

プレーンオムレツ

材料（2人分）

卵……3個
牛乳……大さじ1
塩……一つまみ
こしょう……少々
バター、オリーブ油……各大さじ1
パセリ……少々

作り方

1 ボウルに卵を割り入れ、軽く溶いてから牛乳、塩、こしょうを加えて、卵白がほぐれるまでよく混ぜる。

2 小さめのフライパン（直径約22㎝）にバターとオリーブ油を合わせて中火にかけ、バターが溶けたら1を一気に流し入れて広げる。

3 大きく混ぜて焼き（Ⓐ）、半熟状になったら、端に寄せてまとめる（Ⓑ）。フライパンを数回前後に揺すって底を軽く焼き（Ⓒ）、返すようにして器に盛る（Ⓓ）。

4 すぐにペーパータオルをかぶせ、手で押さえてオムレツ形に整える（Ⓔ）。パセリを添える。

アドバイス

好みでトマトケチャップやマヨネーズをかければごはんにも合います。メイプルシロップをかけてパンにのせて食べるのもおすすめです。

Ⓐ 一気に流し入れて広げたら大きく混ぜる。

Ⓑ 半熟状になり、卵の下が固まってきたら端に寄せる。

Ⓒ フライパンを前後に動かし、寄せた卵の底を軽く焼く。

Ⓓ 寄せた卵を返すようにして器に盛る。

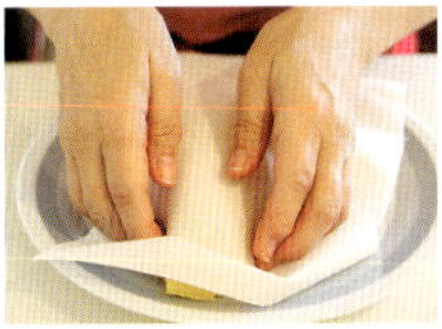

Ⓔ 温かいうちにペーパータオルをかぶせて形を整える。

具材を入れて、フライパンいっぱいに丸く焼きます

卵液にたっぷりの野菜を合わせて丸く焼き上げるオムレツ。野菜は旬のものを積極的に入れますが、必ず使うのはじゃがいもと玉ねぎです。

スパニッシュオムレツ

材料（直径20cm1個分）

卵……5個
（塩 二つまみ　トマトケチャップ 大さじ1）
じゃがいも……1個
さやいんげん……4本
玉ねぎ……1/4個
生マッシュルーム……3個
トマト……2個
ベーコン……2枚
A 塩……一つまみ
　こしょう……少々
オリーブ油……大さじ2

作り方

1 じゃがいもは皮ごとやわらかくゆでて皮をむき、5mm幅の一口大に切る。いんげんはゆでて3cm長さに切る。玉ねぎは1cm角に、マッシュルームは5mm幅に、トマトは縦6等分にくし形に切る。ベーコンは粗みじん切りにする。

2 ボウルに卵を割りほぐし、塩、トマトケチャップを混ぜる。

3 フライパンに何もひかずにベーコン、玉ねぎ、マッシュルームを入れ、中火にかけて炒め、全体にしんなりしたらAをふる。すぐに2に加え、じゃがいも、いんげん、トマトも加えて混ぜる。

4 フライパン（直径約20cm）にオリーブ油大さじ1を熱し、3を一気に流し入れ、大きく混ぜ、弱めの中火でふたをして焼く。半熟よりやや固めになったら皿や平らなふたに滑らせて移し、フライパンをかぶせて返してフライパンに戻す(A)。端は下に押し込むようにして形に整える(B)。オリーブ油大さじ1を周囲から回し入れ、ふたをして片面も色よく焼く。取り出して切り分ける。

A

B

アドバイス

具材が少ないときにはごはんやチーズを入れてボリュームを出すこともあります。

半熟寸前で火を止め、余熱で火を通すとふんわりに

スクランブルは
火の通し具合で
味が決まるから、緊張します。
気を抜くと炒り卵に。
これを何度やったことか。
完璧の一歩手前で
火を止める！
これがコツです

アドバイス

味を濃厚にするなら、生クリームを入れ、バターも多めがいいです。あっさり仕上げるなら牛乳で、バターは控えめに。分量の割合は卵の味やバターにもよるので、まずはお試しあれ。

スクランブルエッグ

材料（2人分）

卵……3個
（塩二つまみ　生クリーム、または牛乳大さじ3）
食パン（好みの厚さ）……2枚
バター、オリーブ油……各大さじ1

作り方

1　ボウルに卵を割りほぐし、塩と生クリームを加えて混ぜる。

2　フライパンにバターとオリーブ油を入れて中火にかけ、バターが半分くらい溶けたら、1を一気に流し入れる。バターと油を全体にからませるように大きく混ぜて、半熟寸前で火を止める。

3　すぐに器に盛り、トーストした食パンを食べやすく切って添える。

中華の定番卵焼き。甘酢あんがひと味アップ

かに玉の形は決めていません。オムレツのように焼いたり、お好み焼きくらいの厚さにしてみたりといろいろ。我が家は甘酢あんをたっぷりとかけて食べるのが定番です。

かに玉

材料（2人分）
卵……3個
ゆでたけのこ……80g
長ねぎ……½本
かにかま……50g
砂糖……小さじ1
甘酢あん
- しょうゆ、酢……各大さじ1
- 砂糖……小さじ2
- 片栗粉……小さじ1
- 水……½カップ

ごま油……小さじ2
米油……大さじ1

作り方

1 たけのこは一口大に薄切りにする。長ねぎは斜め薄切りにする。

2 ボウルに卵を割りほぐし、かにかまはほぐして砂糖とともに加えて混ぜる。

3 フライパンにごま油を熱し、1を軽く炒め、塩二つまみ（分量外）を加えて混ぜてすぐに2に加える。

4 小鍋に甘酢あんの材料を入れてよく混ぜてから火にかけ、とろみがつくまで煮る。

5 フライパンをきれいにして米油を熱し、3を一気に流し入れ、大きく混ぜながら、火を通し、半熟くらいになったら返して片面も焼き、固まったらとり出す。好みの大きさに切って盛り、温かい4をかける。

アドバイス

卵を焼くのと、甘酢あん作りを同時進行でできるとスムーズ。

ピカタは卵液をつけて焼く料理。卵をまとってやさしい味に

卵液は一度くぐらせたくらいでは薄すぎるので、レシピではさっと焼いては、また卵液にくぐらせて焼くことを何度かくり返して卵の衣を厚くするやり方にしています。

さけのピカタ

材料（2人分）
卵……1個
（塩一つまみ）
生ざけ……2切れ
塩、こしょう……各少々
小麦粉……大さじ1
オリーブ油……大さじ1
つけ合わせ
にんじんのグラッセ、焼きじゃがいも……各適量
パセリ……少々

Ⓐ

作り方
1 ボウルに卵を割りほぐし、塩を混ぜる。
2 さけは水けをふき、骨を除いて一口大に切る。塩、こしょうをふって小麦粉をまぶす。
3 フライパンにオリーブ油を熱し、2を1切れずつ1にくぐらせ、並べて焼く。両面の卵液が固まったら、再び卵液にくぐらせ(Ⓐ)て焼く。これを3回ほどくり返し、中まで火を通す。器に盛り、「にんじんのグラッセ」「焼きじゃがいも」（下記参照）を添え、パセリを飾る。

アドバイス
さけは切り身のまま作ってもいいですし、さけのほかにたらやたい、めかじきなどで作ってもおいしくできます。卵液に粉チーズを入れたり、刻んだパセリを混ぜてもいい。アレンジの幅をぜひ広げてください。

にんじんのグラッセ

材料（2人分）と作り方
にんじん小1本は4㎝長さに切り、縦6〜8つに切る。小鍋に入れ、バター20g、砂糖二つまみ、ひたひたの水を加えて中火にかけ、煮立ったら弱めの中火にし、やわらかくなるまで煮る。煮汁が少なくなったら火を止め、塩少々をふってからめる。

焼きじゃがいも

材料（2人分）と作り方
じゃがいも1個は皮つきのまま、水からやわらかくゆで、皮を除いて1㎝厚さに輪切りする。フライパンにオリーブ油大さじ1を熱し、じゃがいもを並べて、両面をカリッと香ばしく焼いて塩少々をふる。

コツは卵液をよくしみ込ませるだけ

卵液に漬けておき、よくしみたらこんがりと焼くのがフレンチトースト。パンの中までしっかりしみ込ませると外はカリッと中はとろっと焼き上がります。

フレンチトースト

材料（2人分）
食パン（6枚切り）……2枚
卵……1個
砂糖……大さじ3
牛乳……½カップ
バター、オリーブ油……各大さじ1

作り方

1 食パン2枚が並んで入るバットを準備。ボウルに卵を割り入れ、砂糖、牛乳を加えてよく混ぜ、バットに入れる。

2 1に食パンを入れて、卵液を吸ってなくなるまで2時間以上おく（Ⓐ）。

3 フライパンにバター、オリーブ油を入れて火にかけ、バターが溶けはじめたらパンを並べて、弱めの中火で8分ほど焼く。色よく焼けたら返し（Ⓑ）、両面をこんがりと焼き、器に盛る。

Ⓐ

Ⓑ

アドバイス

はちみつやメープルシロップをたらしたり、粉砂糖をふったりしてもよい（アレンジはP88も参照）。

材料3つが絶妙な組みあわせ

ふわふわ卵にプリプリの歯ごたえのきくらげ、甘みのある長ねぎを合わせた炒めもの。3つが油をまとうと色合いがいっそう引き立ちます。

アドバイス

大皿に盛りつければメインのおかずになり、少量で作れば副菜に。味つけはオイスターソース、塩、しょうゆ、ナンプラー味でも合い、食べるときに黒酢をかけてもおいしい。

三宝炒め

材料（2人分）

卵……4個
（砂糖小さじ2）
生きくらげ……大4枚（80g）
長ねぎ……1本
しょうがのせん切り……1かけ分
塩……小さじ⅓
A オイスターソース……大さじ1
　しょうゆ……小さじ½
こしょう……少々
ごま油……大さじ1

作り方

1 ボウルに卵を割りほぐし、砂糖を加えて混ぜる。

2 きくらげはあれば固い石づきを除き、2㎝幅に切る。長ねぎは5㎝長さに切って、縦4等分に切る。

3 フライパンにごま油を熱し、1を一気に流し入れて大きく混ぜ、半熟になったらもとのボウルにとり出す。続けて2としょうがを入れて炒め、塩をふる。長ねぎがしんなりしてきたら卵を戻し、Aで味をととのえる。器に盛り、こしょうをふる。

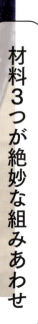

卵にトマトの酸味は最高の組みあわせ

トマトは酸味だけでなく、熱を加えるとぐっとうまみが出て卵の味を引き立ててくれます。ナンプラーは味つけのほかに、うまみもプラスします。

アドバイス

卵は炒めすぎず、しっとり仕上げるのがポイント。普通サイズのトマトでも、中玉のミディでもそれぞれの味があっておいしくできます。茶色いおかずが並んだときや、もう一品欲しいいときによく作ります。

トマトと卵の炒めもの

材料（2人分）

卵……3個

（塩小さじ$\frac{1}{4}$）

ミニトマト……12個

A　塩……小さじ$\frac{1}{4}$

　　ナンプラー……小さじ$\frac{1}{2}$

こしょう……少々

米油……大さじ$1\frac{1}{2}$

作り方

1　ボウルに卵を割りほぐし、塩を加えて混ぜる。ミニトマトは横半分に切る。

2　フライパンに米油を熱し、卵液を一気に流し入れて大きく混ぜ、半熟くらいになったらもとのボウルにとり出す。

3　続けてフライパンにトマトを入れて炒め、Aで味をととのえる。2を戻し入れてひと炒めし、器に盛り、こしょうをふる。

最後にしょうゆを焦がして香ばしく

溶き卵を入れたら大きく数回混ぜて、ようやく固まったくらいでとり出します。フライパンを温め、ごはんをレンチンしている間に卵を溶いてと段取りよく進めれば5分もあればできます。小ねぎを混ぜれば香ばしさがアップして、彩りもよくなります。

卵チャーハン

材料（2人分）
卵……2個
ごはん……茶碗2杯分
小ねぎ……6本
塩……小さじ⅓〜½
しょうゆ……小さじ1
米油……大さじ1

アドバイス
卵チャーハンは卵の買い置き、冷凍ごはんがあればできるから、うちではすぐに食べられるごはんベスト3の一つ。

作り方
1 ごはんは冷めていたら電子レンジなどで温める。ボウルに卵を割りほぐす。小ねぎは小口切りにする。
2 フライパンに米油を熱し、溶き卵を流し入れる。大きく数回混ぜ(A)、半熟くらいに火が通ったら、もとのボウルにとり出す(B)。
3 続けてごはんを入れ、軽く炒めて塩をふってさらに炒める。ほぐれてきたら、2を戻し入れて炒め合わせ、味をみて塩少々（分量外）をふり、小ねぎを加えてひと炒めする(C)。フライパンの縁からしょうゆを回し入れて、少し焦がすように軽く炒める。

A

B

C

弱火でゆっくり蒸して フルフルの口当たりに

だし汁が多めでフルフルの口当たり。最初は強火で蒸しますが、そのあとは弱火でゆっくりと蒸し上げるとなめらかに仕上がります。蒸し時間が長いので、鍋にはたっぷりと湯を入れ、空だきしないよう注意します。

茶碗蒸しは、ごはんにかけて食べるのが子どものころから好きです。

茶碗蒸し

材料（3人分）

卵液
- 卵……1個
- だし汁（P14参照）……¾カップ
- 塩……小さじ¼
- 淡口しょうゆ……小さじ½

生しいたけ……1枚
鶏肉（好みの部位）……20g
三つ葉の茎……適量

アドバイス

強火で一気に蒸すと、〝ス〟が入り、表面もでこぼこになってしまうことも。そうなってしまったときは、片栗粉でとろみをつけた薄味のしょうゆあんをかけて、目立たなくします。

作り方

1 しいたけは石づきを除き、かさは半分に切ってから薄切りにし、軸は細切りにする。鶏肉は2㎝角に切る。耐熱の器に等分に入れておく。蒸し器に湯を沸かし、蒸気を上げておく。

2 卵液を作る。だし汁に塩と淡口しょうゆを加えて混ぜ、塩を溶かす。ボウルに卵を割り入れて溶きほぐし、だし汁に加えて混ぜる。ざるを通してこし、すぐに1の器に等分に注ぐ(Ⓐ)。

3 蒸し器に2を入れ、最初は強火で3分、その後は弱火で15〜20分蒸す。竹串を刺して、透き通った汁が出てきたら蒸し上がり。濁っていたらもう少し蒸す。三つ葉の茎を小口切りにして散らす。

Ⓐこすとよりなめらかな口当たりに。

甘辛い油揚げの中に、やわらかい卵入り

油揚げを袋状に開き、卵を入れて口をとじてきんちゃく形に仕上げます。油揚げに甘辛いおだしがしみてジューシーに。

Ⓐ卵は容器に割り入れて流し入れる。

アドバイス

ひと手間ですが卵は1個1個小さな容器に割り入れてから、油揚げに入れると失敗がないです。慣れないうちはSかMサイズの小さめの卵がおすすめ。

卵きんちゃく煮

材料（2人分）

卵……4個
油揚げ……2枚
A
- だし汁……1½カップ（P14参照）
- しょうゆ、みりん……各大さじ1

さやいんげん……6本

作り方

1 油揚げは半分に切って切り口から袋状に開く。卵は小さな容器に割り入れ、油揚げの口からそっと流し入れる（Ⓐ）。口を楊枝でとめ、口を上にして立てておく。

2 鍋にAを入れて温め、1を立てて入れる。中火で5〜6分煮て、卵が固まってきたら、口が煮汁につかるよう寝かせて3〜4分煮る。火を止めて、そのまま冷まして味を含ませる。

3 熱湯に塩少々（分量外）を加えていんげんをゆで、食べやすい長さに切る。2を器に盛り、いんげんを添える。練りがらしや豆板醤をつけてもよい。

ゆで卵が主役。モロモロと崩れるくらいに煮込みます

うちのおでんはシンプルで、具材は3種です。長い時間煮続けるより、冷ましては煮るをくり返したほうが、味がよく入ります。

卵おでん

材料（2〜3人分）

卵……4個
大根……½本（約800g）
厚揚げ……1枚
だし汁（P14参照）……約5カップ
A しょうゆ、みりん、酒……各大さじ3
練りがらし……適量

作り方

1 沸騰した湯に卵を静かに入れて8分ゆで、水にとって冷まして殻をむく。

2 大根は3㎝厚さに切り、皮を厚めにむいて、片面に十文字に切り込みを入れる。鍋に入れ、米のとぎ汁をかぶるくらいまで加え、竹串がすっと通るまでゆでる。1切れずつていねいに水洗いして、アクなどを流す。厚揚げは一口大に三角形に切る。

3 鍋に1、2を入れ、たっぷりのだし汁を加えて中火にかける。沸騰したらAを加え、ふたをして弱めの中火で40分煮て、そのままおいて冷ます。再び火にかけ、30分煮て味をみてしょうゆ、塩各少々（ともに分量外）でととのえ、冷ます。食べるときに温めて、練りがらしを添える。

アドバイス

大根を下ゆでするとき汁がない場合は、湯に米少量を加えてゆでます。大根と厚揚げのほかに、ちくわぶと昆布、こんにゃくとさつま揚げ、はんぺんともち入り茶きんといった組み合わせでも。

卵とじは2回に分けて入れると失敗なし！

しいたけとごぼうの組み合わせは、どうしても色合いがジミになりますが、味の組み合わせは抜群。卵の半量でとじてから残りを加えると、全体がふんわりやわらかな仕上がりに。

アドバイス

ごはんのおかずはもちろん、汁うどんにのせるのもおすすめ。粉山椒をふって食べてもおいしいです。

しいたけ、ごぼうの卵とじ

材料（2人分）

- 卵……3個
- 生しいたけ……3枚
- ごぼう……½本（80g）
- だし汁（P14参照）……1カップ
- A
  - 淡口しょうゆ……大さじ1
  - 塩……小さじ⅓～½

作り方

1 ボウルに卵を割りほぐす。しいたけは石づきを除き、かさは薄切り、軸は細切りにする。ごぼうは4㎝長さの細切りにし、5分ほど水にさらしてアクを抜く。

2 鍋にだし汁を入れて温め、しいたけと水気をきったごぼうを加えて10分ほど煮る。ごぼうがやわらかくなったら、Aで味をととのえ、ひと煮立ちさせる。

3 溶き卵の半量を回し入れ、ほぼ火が通ったら、その上に残りの溶き卵を回し入れて、好みの加減に火を通す。

卵でふんわりとじて、卵黄ものせて卵感たっぷり

具材も長ねぎと玉ねぎのダブル使いに。「しいたけ、ごぼうの卵とじ」と同様に、卵は2回に分けて加えてふんわりと仕上げたら、卵黄をトッピングします。

ダブル卵丼

材料（2人分）

卵……2個
卵黄……2個分
長ねぎ……½本
玉ねぎ……½個
A　だし汁（P14参照）……1カップ
　しょうゆ、みりん、砂糖……各大さじ1
ごはん（温かいもの）……茶碗2杯分
焼きのり……適量
三つ葉……適量

作り方

1　長ねぎは斜め1㎝幅に切る。玉ねぎは縦1㎝幅に切ってほぐす。ボウルに卵を割りほぐす。

2　鍋にAを入れて煮立て、長ねぎ、玉ねぎを入れて煮る。火が通ったら、味をみて塩少々（分量外）でととのえる。溶き卵の半量を回し入れ、ほぼ火が通ったら、その上に残りの溶き卵を回し入れて、好みの加減に火を通す。

3　器にごはんを盛り、焼きのりをちぎって散らし、2をのせ、食べる直前に黄身をそっと落とす。三つ葉をざく切りにして散らす。

アドバイス

具材は長ねぎ、玉ねぎのどちらか一つでもよく、青菜でもにんじんでもいい。

卵のとっておき！

卵黄2個と生クリームで、こってりクリーミーに

このレシピは卵黄がダブル。ソースにも入り、仕上げにポンと卵黄をのせて混ぜて食べます。火を止めてから卵黄を加え混ぜ、スパゲティを加えたら手早くからめます。

カルボナーラ

材料（2人分）

- スパゲティ……160g
- （塩大さじ1）
- 卵黄……4個分
- ベーコン（厚切り）……80g
- 生クリーム……150mℓ
- 塩、こしょう……各適量

作り方

1 ベーコンは5㎜角くらいの棒状に切る。フライパンに入れ、弱めの中火にかけて、脂がほどよく溶けてベーコンの香ばしさが出るまで炒める（Ⓐ）。生クリームを加えて軽く煮つめ、卵黄2個を加え（Ⓑ）、火を止めてよく混ぜておく（Ⓒ）。

2 鍋に湯2ℓを沸かし、塩を加え、スパゲティを表示時間通りにゆでる。

3 1を弱めの中火にかけ、湯をきったスパゲティを加えて手早くからめる（Ⓓ）。味をみて塩少々でととのえ、器に盛る。残りの卵黄を落として、こしょうをふる。

Ⓐ

Ⓑ

Ⓒ

Ⓓ

アドバイス

残った卵白はびんなどに入れて冷凍を。お菓子作りに使ったり、卵白だけで作るホワイトオムレツもおすすめです。卵黄と卵白に分けるときにエッグセパレーターを使うと失敗が少なくて便利です。

卵のとっておき!

フライパンの中よりも皿にのせてから形を整えて

卵で包むタイプのオムライス。
フライパンの中でうまく包もうとせず、
お皿にのせてから、
ペーパータオルで包んで、
形を整えても
間に合いますので、
急がず、あわてず、
でも冷めないうちに
仕上げましょう。

オムライス

材料（2人分）

卵……3個

（砂糖二つまみ）

ごはん（温かいもの）……茶碗山盛り2杯分

鶏肉（好みの部位）……50g

玉ねぎ……1/3個

にんじん……1/4本

さやいんげん……4本

塩……二つまみ

A
- トマトケチャップ　大さじ3
- 中濃ソース、しょうゆ……各小さじ1/2

こしょう……少々

米油……大さじ1

つけ合わせ
- キャベツのせん切り……適量
- トマトのくし形切り……4切れ

Ⓐ

Ⓑ

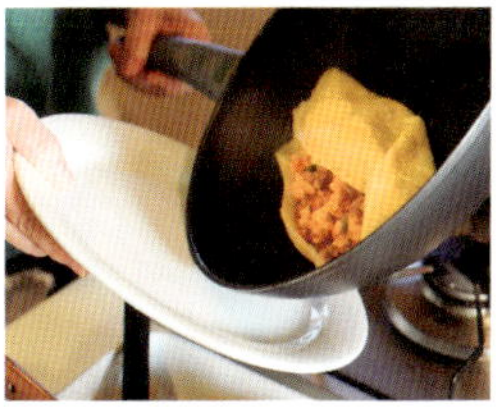

Ⓒ

Ⓓ

Ⓔ

作り方

1 鶏肉は1cm角に切る。玉ねぎ、にんじんも1cm角に切る。いんげんは1cm幅に切る。

2 フライパン（深めの直径約28cm）に米油小さじ2を熱し、鶏肉を炒め、塩をふる。玉ねぎ、にんじんを加えてしんなりするまで炒め、いんげんを加えてさらに炒める。Aを加えてひと炒めしたら、ごはんを加えてよく炒める。ごはんがほぐれて、色が均一になったら、こしょうをふり、とり出す。

3 ボウルに卵を割り入れ、砂糖を加えて混ぜる。フライパンをきれいにし、米油小さじ1を熱し、卵液半量を流し入れ、フライパンを回すようにして手早く広げる。卵の表面が乾かないうちに片側に2の半量をのせ（Ⓐ）、卵をかぶせる（Ⓑ）。フライパンの中で滑らせるようにして端に寄せ（Ⓒ）、オムライスを返しながら器にのせる（Ⓓ）。ペーパータオルをかぶせて形を整える（Ⓔ）。同様にして残りも作る。

4 キャベツとトマトを添え、好みでトマトケチャップ（分量外）をかける。

アドバイス

フライパンは立ち上がりがあるほうが包みやすくておすすめ。

卵のとっておき!

卵を滑らせてのせるだけ。ちょっと気がラク

卵をのっけるタイプのオムライスで、ごはんは甘辛味の煮ものを混ぜて和風味に。
まずはごはんを盛りつけてスタンバイしてから、卵を手早く焼いて半熟のやわらかいものをのせて仕上げます。

アドバイス

中身のごはんはオムライス(P49)のようなケチャップライスでも。甘辛いひじき煮のほかに冷蔵庫にある惣菜、たとえば牛肉のしぐれ煮とか、きんぴらごぼうなど甘辛い味のものがあったら、ごはんに混ぜて半熟卵をのっけてみて。卵を少々甘めにするのが私好みです。

和風オムライス

材料(2人分)

卵……4個
(砂糖小さじ2)
ごはん(炊きたて)……茶碗山盛り2杯分
ひじき煮……1カップ
米油……大さじ1

作り方

1 ごはんに汁気をきったひじき煮を加えて混ぜ、器に等分に盛る。
2 ボウルに卵を割り入れ、砂糖を加えて混ぜる。
3 フライパン(浅めの直径約20cm)に米油大さじ½を熱し、2の半量を一気に流し入れて大きく混ぜて焼く。半熟状になったらフライパンを1に近づけ、卵を滑らせるようにしてのせる。同様にして残りも作る。

卵のとっておき！

手作りマヨでタルタルソース！フライは好みのもので

マヨネーズを作り、
これでタルタルソースにすると
フライが最高のごちそうに。
薬味のらっきょう漬けの代わりに、
玉ねぎのみじん切りを塩でもんで
水気を絞ったものでもよいのですが、
らっきょう漬けなら
刻むだけという手軽さです。

えびフライ　タルタルソース

材料（2人分）

タルタルソース
- 卵……3個
- らっきょう漬け（甘酢漬けまたは塩漬け）、きゅうりのピクルス……各20g
- マヨネーズ（左記参照）……大さじ3〜4
- パセリのみじん切り……小さじ1〜2

えび（殻つき・無頭）……中10尾
塩、こしょう……各適量
小麦粉、溶き卵、パン粉……各適量
キャベツのせん切り、トマト……各適量
揚げ油……適量

＊らっきょう漬け、きゅうりのピクルスは塩加減で分量を調整してください。

作り方

1 タルタルソースを作る。沸騰した湯に卵を静かに入れ、12分ゆでる。水にとって殻をむく。水けをふいて粗く刻む。らっきょう漬け、ピクルスはみじん切りにし、すべて合わせ、マヨネーズとパセリを加えて混ぜる。

2 えびは尾を残し、殻をむいて背ワタを除く。腹側に切り目を3〜4本入れて、まっすぐに伸ばす。尾の先をほんの少し切り、包丁でしごいて中の水けを除く。片栗粉適量（分量外）をまぶし、軽くもんでから流水で洗って、水けをふく。

3 えびに塩、こしょうを軽くふり、小麦粉、溶き卵、パン粉の順に衣をつける。揚げ油を170℃に熱して入れ、カラリと色よく揚げ、油をきる。

4 器に3、キャベツ、タルタルソースを盛り、トマトのくし形切りを添える。

アドバイス

ほかに帆立フライ、めかじきのフライ、さけフライもタルタルとよく合います。中濃ソースとタルタルのダブルソースがけもおすすめです。

手作りマヨネーズ

片手で使えるハンドブレンダーと縦長の容器を使用しましたが、ミキサーでも作れます。油は香りや味にくせのない米油など植物油で作ります。

材料（1カップ弱分）と作り方
容器に卵1個、塩小さじ½強、酢大さじ1を入れる。ハンドブレンダーで軽く攪拌《かくはん》してから、油½カップを少しずつ加えながら、なめらかになるまで攪拌する。味をみて塩少々でととのえる。

飛田さん流

卵かけごはんの楽しみ方

卵を割り入れるか、溶いてからごはんにかけるか、
好みが分かれるところですが、私はいずれにしても卵黄と卵白を
溶きすぎないほうが好きです。分量はすべて好みで。

やっぱり
シンプル！

卵かけごはん 1

炊きたてのごはんを茶碗に盛り、
卵を割り入れ、しょうゆをかける。
好みの加減に混ぜて食べる。

卵かけごはん 2

炊きたてのごはんを茶碗に盛る。
卵は別の器に割り入れて、
ほぐしてごはんにかけ、
しょうゆを回しかけて食べる。

卵かけごはん 3

炊きたてのごはんに卵を割り入れ、塩昆布をのせて混ぜて食べる。

卵かけごはん 4

炊きたてのごはんに溶いた卵を回しかけ、ちりめんじゃこをのせて食べる。

卵かけごはん 5

1 長芋は皮をむいて7～8㎜角に切り、まぐろといかの刺身も同様に切る。たくあんはみじん切り、納豆は粗く刻む(またはひきわりでも)。エシャレット、小ねぎは薄い小口切りにする。

2 炊きたてのごはんに1をのせ、卵黄を落として、しょうゆをかけ、混ぜて食べる。

2章

豆腐

豆腐があればなんとかなる

豆腐も身近な素材で、生でも火を通してもおいしい。
温めるだけでなく、煮る、焼くとまた違った味わいが出るのも魅力です。
豆腐自体の味は淡白なので、和、洋、中、
エスニックと味つけは自由自在。
特になじみのあるしょうゆやだしの味つけの和風料理は、
仕上がりの想像がつくのですぐに得意料理の一つになるはず。
切り方を変えたり、つぶしたり、
いつもの四角い形から抜け出してみましょう。
豆腐料理のポイントは水きり。
生で食べるときには必ずペーパーやザルにのせ、軽く水けをきること。
案外水けが出るので、味を薄めないためにもひと手間かけてくださいね。
得意を見つけるには、豆腐もおすすめです。

豆腐のよいところ

大豆の加工品で良質なたんぱく質が摂れる

豆腐は淡白だから味つけでいろいろな料理に変身！

火の通りがよいので短時間でできあがる

まずはこの1品

豆腐ステーキ

あっさりと食べられる豆腐も、いつも同じでは飽きてきます。
油で焼いて、オイルをまとわせるとまた違った豆腐の味に魅了されるはず。
簡単に焼くだけのステーキは、
焼き目の香ばしさもあってそれだけでごちそうに。
塩、こしょうで食べても、薬味をたっぷりとのせても、ソースをかけても
それぞれにおいしさがあります。まずはフライパンで焼いてみましょう。
油を熱してから焼くとはねますから、
豆腐を並べて油をなじませて火にかける〝コールドスタート〟で。
そして、底面が焼けるまでいじらないこと。ここ大事！
焼いて豆腐に油のコーティングができるまではがまんです。
カリッと焼けたら、薬味を変えて楽しみましょう。

まずはこの1品

豆腐ステーキ

材料（2人分）
木綿豆腐……1丁（300g）
長ねぎ……5cm
しょうが……1かけ
削りがつお、しょうゆ……各適量
米油……大さじ1

アドバイス
豆腐は絹ごしでも同じようにできますが、木綿よりもやわらかいので扱いはていねいに。

作り方

1 豆腐はペーパータオルに包み、バットと重石をのせて(Ⓐ)20〜30分おき、しっかり水きりする。

2 長ねぎは小口切り、しょうがはせん切りにし、合わせて水に5分ほどさらし、水けをきる。

3 豆腐は端から2cm幅に切り、フライパンに米油を入れて豆腐を並べ(Ⓑ)中火にかける。こんがりするまで焼き、裏返して(Ⓒ)同様に焼く(Ⓓ)。

4 器に盛り、2、削りがつおをのせ、しょうゆをかけて食べる。

Ⓐ 厚手のペーパータオルに包み、底が平らなバット、さらに石や缶詰などを重石（合わせて約1kg）としてのせおく。

Ⓑ 油を熱してから豆腐を入れるとはねるので、油を入れ、豆腐を並べてから火にかける。

Ⓒ 豆腐を焼きはじめたら触らないこと。豆腐はすぐには焦げないし、触りすぎると反対になかなか焼き色がつかないので。焼き色がついたら返す。

Ⓓ 返しても同様に触らずにじっくりと焼く。両面をこんがりと焼くことが豆腐ステーキのおいしさ。

豆腐ステーキトマトソースがけ

材料（2〜3人分）
木綿豆腐……1丁（300g）
塩……少々
トマトソース（下記参照）……大さじ4〜5
オリーブ油……小さじ2

作り方
1　豆腐は「豆腐ステーキ」作り方1と同様にしっかり水きりする。端から2cm幅に切る。
2　フライパンにオリーブ油を入れて豆腐を並べ、塩をふり、中火にかける。両面をこんがりと焼き、器に盛り、トマトソースをかける。

バリエーション

豆腐の焼き方は一緒ですが、トマトソースをかけて洋風に。トマトソースはお好みの市販のものでも。

手作りトマトソース

材料（作りやすい分量）と作り方

1　玉ねぎ¼個、にんにく1かけ、ベーコン3枚はみじん切りにする。

2　鍋ににんにくとオリーブ油大さじ2を入れ、弱火で炒める。香りが立ったら玉ねぎを加えて透き通るまで炒め、トマト水煮1缶（400g）を缶汁ごとと、ベーコンを加える。トマトをつぶすように混ぜ、煮立ったらふたをして弱火で10分煮る。

3　ふたをはずし、中火にして混ぜながら元の¾量まで煮つめ、塩小さじ½〜1としょうゆ小さじ1で味をととのえる。

＊多めにできるのでパスタにからめたり、トーストにのせたりして食べる。

とっておきのやっこ3種

冷ややっこの豆腐は、
木綿、絹ごし、どちらでも。
豆腐はパックから出して
そのまま器にのせると水が出て味が薄くなるので、
必ず水きりをすることがポイントです。

ザーサイときゅうりの冷ややっこ

材料（1人分）と作り方

1　豆腐（好みのもの）½丁（150g）は軽く水きりする。

2　きゅうり⅓本、しょうが少々はせん切り、味つきザーサイ4枚は細切りにする。

3　豆腐を器に盛って2をのせ、ごま油または米油小さじ1をかけ、パクチー少々を添える。

豆板醤とごま油の冷ややっこ

材料（1人分）と作り方

豆腐（好みのもの）½丁（150g）は軽く水きりし、器に盛る。豆板醤少々をちょんとのせ、ごま油小さじ1くらいをかける。

アドバイス

豆腐はさっと洗い、ペーパータオルやザルの上にのせ、5～10分おいて表面の水けをきります。これで冷ややっこの味がぐっとおいしくなります。

タルタルとベーコンの冷ややっこ

材料（1人分）と作り方

1　豆腐（好みのもの）½丁（150g）は軽く水きりする。

2　ベーコン（厚切り）15gは細切りにし、油なしでカリカリに炒め、ペーパータオルにのせて脂をきる。レタス½枚は細切りにする。

3　タルタルソースを作る。ゆで卵1個は粗く刻み、甘酢漬けらっきょうのみじん切り1個分、マヨネーズ大さじ1、塩少々と混ぜる。

4　豆腐を器に盛り、レタス、3、ベーコンをのせる。

温かい豆腐にとろとろのあんをかけて

豆腐を温めて温やっこに。口当たりなめらかなあんかけがおすすめ。ひき肉あん、野菜あんを温かい豆腐と合わせてそのまま食べたり、ごはんにのせて食べても。

温やっこのえびきのこあん

材料（2〜3人分）
豆腐（好みのもの）……1丁（300g）
むきえび……40g
しめじ……20g
しょうがのせん切り……少々
だし汁（P14参照）……3/4カップ
A 淡口しょうゆ……小さじ1/2
　みりん、塩……各少々
片栗粉……小さじ1
（倍量の水で溶く）
柚子の皮（あれば）……少々

作り方
1 えびは背ワタを除き、片栗粉大さじ1（分量外）をまぶしてよくもみ、流水で洗う。水気をふいて粗く刻む。しめじは1㎝幅に切る。
2 鍋にだし汁を温め、1としょうが、Aを合わせて煮立て、水溶き片栗粉でとろみをつける。
3 豆腐は一口大に切り、熱湯に入れて温める。水気をきって器に盛り、2のあんをかけ、柚子の皮を添える。

アドバイス
豆腐は穴あきお玉を使い、形を崩さないように盛ります。

冷ややっこの具だくさん版

アドバイス

炒めた肉やしゃぶしゃぶした肉、ボイルしたえびやいかなどを組み合わせて豪華にしてもいいです。ドレッシングも決まりなし。お好みで。

シャキシャキの葉野菜との対比を楽しんで。ドレッシングは作らずに塩こしょうとオイルだけで混ぜて食べるのもいいですよ。

豆腐サラダ

材料（2〜3人分）

豆腐（好みのもの）……1丁（300g）
葉野菜（レタス、わさび菜、ルッコラなど）……適量

A
しょうゆ、黒酢……各大さじ1
塩……一つまみ
すり白ごま……大さじ2
ごま油またはオリーブ油……大さじ1

作り方

1 豆腐はペーパータオルやザルにのせて軽く水きりし、一口大に切る。

2 葉野菜は食べやすい大きさにちぎり、水けをしっかりとる。

3 器に1と2を盛り、Aをよく混ぜてドレッシングを作り、食べる直前にかける。

しょうゆをからめたこんにゃくが味の決め手！

白あえは豆腐をつぶして練りごまをベースに味をつけたもの。具材を変えて楽しみます。まずは基本の白あえ。

野菜とこんにゃくの白あえ

材料（2～3人分）

- 木綿豆腐……⅓丁（100g）
- にんじん……¼本
- さやいんげん……8本
- こんにゃく（小）……½丁（90g）
- 淡口しょうゆ……小さじ½
- A
  - 淡口しょうゆ……小さじ¼
  - 砂糖……二つまみ
  - 塩……一つまみ
- 練り白ごま……小さじ1

アドバイス

野菜はほかに、絹さや、グリンピース、アスパラガス、ブロッコリー、ほうれん草、きのこ類も合います。

作り方

1 豆腐はペーパータオルに包み、バットと重石をのせて30分ほどおき、しっかり水きりする。にんじんは3㎝長さの細切りにする。

2 熱湯に塩少々（分量外）を加えていんげん、にんじんの順にゆで、それぞれザルに上げて冷ます。いんげんは筋に切り込みを入れて縦半分にして、斜めに切る。

3 こんにゃくは4㎝長さの細切りにし、小鍋に入れて空炒りする。水分が飛んでチリチリと音がするようになったら火を止め、淡口しょうゆを加え、再び火にかけて味をからめて粗熱をとる。

4 すり鉢に豆腐を入れ、なめらかにすりつぶす（またはボウルに入れて泡立て器でつぶしてもよい）。Aを加えて混ぜ、2、3を加えてあえる。

果実との相性も抜群！　デザート感覚で食べます

秋の白あえの定番。具材はゴロゴロと大きめに切る、小さくさいの目に切るか、で印象が違うので、切り方も工夫すると楽しいです。

アドバイス

いちじくやマンゴーとの組み合わせもぜひお試しを。

柿とさつまいもの白あえ

材料（2〜3人分）

- 絹ごし豆腐……½丁（150g）
- 柿……½個
- さつまいも……150g
- A
  - 塩……二つまみ
  - 練り白ごま……小さじ1

作り方

1 豆腐はペーパータオルに包み、バットと重石をのせて30分ほどおき、しっかり水きりする。

2 柿は皮をむいて1㎝角に切る。さつまいもはよく洗い、皮つきのまま1㎝角に切り、10分ほど水につけてアクを除く。耐熱容器に入れ、ラップをして電子レンジに5分ほどかけてやわらかくする。

3 すり鉢に豆腐を入れ、なめらかにすりつぶす（またはボウルに入れて泡立て器でつぶしてもよい）。Aを加えて混ぜ、2を加えてあえる。

豆腐に味がしっかりからむので肉はひき肉で

ひき肉は最初に酒で炒っておくとふんわりと煮上がります。しょうゆと砂糖の甘辛味に梅干しを加えて、あと味さっぱりに仕上げました。

アドバイス

肉は豆腐肉を合わせるのが好きです。薄切り肉なら、脂のある肩ロースやバラ肉を使い、うまみを出します。

肉豆腐

材料（2〜3人分）

豆腐（好みのもの）……1丁（300g）
豚ひき肉……80g
（酒大さじ1）
玉ねぎ……1個
だし汁（P14参照）……1½カップ
A
- 梅干し（塩分15％くらいのもの）……1個
- しょうゆ……大さじ1½
- 砂糖……大さじ1

作り方

1 豆腐はペーパータオルやザルにのせて軽く水きりする。玉ねぎは8等分のくし形に切る。

2 鍋にひき肉と酒を入れて弱火にかけ、菜箸で肉をほぐしながら火を通す。肉の色が変わったらだし汁、玉ねぎ、一口大に切った豆腐、Aを順に加えて中火で煮る。煮立ったら弱めの中火にして、落としぶたをして15分ほど煮る。

油を使わずに水分を飛ばして炒るのでヘルシー！

豆腐と野菜を炒りつけた和風おかずの定番。油を使わないのでやさしい味わいです。干ししいたけの代わりにちくわでも。

アドバイス

豆腐は味が入りやすい木綿で。献立の副菜やお弁当のすき間埋めにとても重宝するおかずです。

炒り豆腐

材料（2〜3人分）

- 木綿豆腐……1丁（300g）
- 干ししいたけ……2枚
- にんじん……3cm
- 鶏ささみ……1本
  （塩ニつまみ）
- A
  - 塩……小さじ1/3
  - 淡口しょうゆ……小さじ1

作り方

1 干ししいたけはひたひたの水に1晩つけてもどす。豆腐はペーパータオルに包み、バットと重石をのせて30分ほどおき、しっかり水きりする。

2 しいたけは軸を除いて薄切りにし、にんじんは細切りにする。ささみは筋を除き、薄くそぎ切りにし、塩をふる。

3 鍋にしいたけ、にんじん、ささみ、しいたけのもどし汁大さじ2を入れ、弱めの中火で炒りつける。ささみに火が通ったら豆腐をくずしながら加え、汁気がなくなるまで炒る。Aを加えて味をととのえる。

プチプチのたらこ、ふわふわ豆腐がたまらない口当たり

学生時代によく通っていた中華料理のお店の人気メニューで、誰にも遠慮せず皿を抱えて食べたくてうちでも作るようになりました。

アドバイス
ゆでたブロッコリーや青菜類などを合わせて、ボリュームあるおかずにしても。ごはんにかけて食べてもおいしい。

たらこ豆腐

材料（2〜3人分）
絹ごし豆腐……1丁（300g）
たらこ……1腹（2本・50g）
だし汁（P14参照）……1カップ
ナンプラー……小さじ½〜1
片栗粉……小さじ2
（大さじ1の水で溶く）
ナンプラーはたらこの塩気によって調整する。

作り方
1 豆腐はペーパータオルやザルにのせて軽く水きりする。たらこは薄皮を除く。
2 鍋にだし汁を入れて温め、たらこを加え、軽く混ぜてから豆腐を一口大に切って加える。
3 弱火で豆腐を温め、味をみてナンプラーでととのえ、水溶き片栗粉でとろみをつける。

油揚げのコクを生かして深みのある味に

豆腐の仲間との
あっさり味の煮もの。
油揚げは油抜きせず、
油揚げのコクもうまみにして
豆腐を煮上げます。

アドバイス

レシピは淡口しょうゆを使いましたが、濃口しょうゆを使って、豆腐に濃いしょうゆ色をしみさせてもいい。しょうゆ色は食欲をそそる色ですものね。初夏なら、木の芽をたっぷりとあしらっても美味です。

豆腐と油揚げの煮もの

材料（2〜3人分）
豆腐（好みのもの）……1丁（300g）
油揚げ……1枚
絹さや……12枚
だし汁（P14参照）……1カップ
A 淡口しょうゆ……小さじ2
　みりん……小さじ1

作り方

1 豆腐はペーパータオルやザルにのせて軽く水きりする。

2 油揚げは縦半分に切ってから2cm幅に切る。絹さやは筋を除き、熱湯に塩少々（分量外）を加えてゆで、ザルに上げて冷ます。長さを半分に切る。

3 鍋にだし汁と油揚げを入れて火にかけ、煮立ったらAと豆腐を一口大に切って加える。

4 豆腐にしょうゆの色がしみるまで弱めの中火で煮る。火を止めて器に盛り、絹さやを添える。

たらとわかめで簡単、ヘルシーに

豆腐に〝ス〟が入るくらいまで、
よく蒸し上げて
食べるのが好きです。
塩だらと
合わせるので調味料いらず。

アドバイス

もみじおろしは大根をおろしやすい長さに切り、切り口に縦に菜箸などを刺して穴をあけ、唐辛子をつめて、すりおろします。蒸し器がない場合は、器をアルミ箔やオーブンペーパーに包んでフライパンに入れ、水を張ってふたをして蒸します。

豆腐とたらの蒸しもの

材料（2〜3人分）
豆腐（好みのもの）……1丁（300g）
甘塩だら……2切れ
（酒小さじ1）
わかめ（もどしたもの）……30g
だし昆布……5×5cm1枚
ポン酢しょうゆ、
もみじおろし……各適量

作り方
1 豆腐はペーパータオルに包み、バットと重石をのせて10分ほどおき、水きりする。
2 たらはさっと水で洗い、水気をよくふきとり、一口大に切って酒をふる。わかめは食べやすく切る。
3 耐熱の器にさっと水にくぐらせた昆布を敷き、たら、食べやすく切った豆腐、わかめを盛り、蒸気の上がった蒸し器に入れ、中火で10分蒸す。ポン酢しょうゆ、もみじおろしを添える。

肉だねとナンプラーでうまみたっぷり

豆腐のやわらかさと
れんこんの
シャキシャキした歯ざわり、
ムチッとした肉だねが
一度に味わえる贅沢な
蒸しものです。
味がついているので
そのまま召し上がれ。

豆腐とひき肉の蒸しもの

材料（2〜3人分）

豆腐（好みのもの）……1丁（300g）
豚ひき肉……180g
玉ねぎ……¼個
れんこん……30g
A 塩……小さじ⅓
　ナンプラーまたはしょうゆ……小さじ1
　こしょう……少々
ごま油、パクチー……各適量

Ⓐ 豆腐の間に薄切りのれんこんを入れ、肉だねに軽くうめ込む。

作り方

1 豆腐はペーパータオルに包み、バットと重石をのせて10分ほどおき、水きりする。玉ねぎはみじん切りにする。れんこんは薄い輪切りを7〜8枚切り、残りはすりおろす。

2 肉だねを作る。ボウルにひき肉、玉ねぎ、れんこんのすりおろし、Aを入れ、練り混ぜる。

3 耐熱の器に2の肉だねを入れてならし、所々をくぼませ、一口大に切った豆腐をのせ、薄切りのれんこんを間に入れる(Ⓐ)。蒸気の上がった蒸し器に入れ、中火で10〜15分蒸す。ごま油を回しかけ、パクチーの葉を摘んで添える。

豆腐と塩の真っ白なクリーム

豆腐をハンドブレンダーで撹拌してなめらかにすると、真っ白なクリームに変身します。とろとろの口当たりがたまりません。

ふわふわ豆腐クリーム

材料（作りやすい分量）

絹ごし豆腐……1丁（300g）
塩……小さじ¼

作り方

1 豆腐はペーパータオルやザルにのせて軽く水きりする。

2 大きめのボウルに豆腐を入れ、ハンドブレンダーで撹拌してなめらかにし、塩を混ぜる。マッシャーや泡立て器でつぶしてもよい。

アドバイス

豆腐クリームの食べ方は、まずはディップで。豆腐クリームのでき上がり⅓量くらいを器に盛り、ゆでたさやいんげんやにんじん、クラッカーを添えてつけて食べます。このままスプーンですくって食べてもよく、だし汁や牛乳でのばしてクリームスープにします。

＋生クリームで、グラタンのソースに

〝豆腐クリーム〟に生クリームを加えると、グラタンのソースに。ホワイトソースよりも簡単にできます。

豆腐生クリームのグラタン

材料（2〜3人分）

豆腐生クリーム
- 絹ごし豆腐……1丁（300g）
- 生クリーム……½カップ
- 塩……小さじ⅓

ほうれん草……6株
ゆで卵……3個
ベーコン（厚切り）、ピザ用チーズ……各40g

アドバイス

このクリームとチーズだけで焼いても。お酒のつまみになります。

作り方

1 豆腐はペーパータオルやザルにのせて軽く水きりする。大きめのボウルに豆腐と生クリームを入れてハンドブレンダーでなめらかに撹拌し、塩を混ぜる。マッシャーや泡立て器でつぶしてもよい。

2 ほうれん草は熱湯でゆで、水にとって冷まし、4cm長さに切って水気を絞る。ゆで卵は殻をむき、半分に切る。ベーコンは細切りにする。

3 耐熱の器に2を順に入れ、1を流し入れる(Ⓐ)。ピザ用チーズを散らし、250℃に予熱したオーブンで10〜15分焼く。チーズが溶けてこんがりと焼き色がついたらでき上がり。

Ⓐ ほうれん草を敷き、ゆで卵、ベーコンを散らし、豆腐生クリームを流し入れる。

揚げたてのカリカリがたまらない！

お豆腐屋さんの油揚げとは別物ですが、揚げたての香ばしさは抜群です。豆腐はまず切ってからペーパータオルなどに並べて、ぺちゃんこになるほど一気に水きりします。

Ⓐ　これくらいぺちゃんこになるまで水きりを。

Ⓑ　表面が固まり色づくまで揚げる。

手作り油揚げ

材料（作りやすい分量）

木綿豆腐……1丁（300g）
塩……少々
揚げ油……適量

作り方

1　豆腐は1・5㎝幅に切り、ペーパータオルの上に横に寝かせて並べ、上にもペーパータオルをかぶせる。バットと重石（約2kg）をのせて30分ほどおき、しっかり水きりする（Ⓐ）。

2　揚げ油を170℃に熱し、豆腐を1枚ずつ入れ、表面が固まってカリカリになるまで揚げる（Ⓑ）。器に盛り、塩をふる。

アドバイス

塩と粉山椒をパラリとふって食べたり、大根おろしをたっぷりとのせてしょうゆをかけて食べたりします。

豆腐の水分で生地を作ります

豆腐の水分を生かしてお好み焼きの生地にします。材料をボウルに入れたら、豆腐がなめらかにつぶれて全体にからめばOK。

Ⓐ 豆腐がつぶれて全体がなじむまで混ぜる。

アドバイス

もちろんソースも合いますが、しょうゆやポン酢しょうゆでさっぱりと食べるのが好きです。

豆腐のお好み焼き

材料（2〜3人分 直径24㎝1枚分）

- 絹ごし豆腐……1丁（300g）
- キャベツ……1枚
- 長ねぎ……1本
- しめじ……1/3パック
- 小麦粉……1/2カップ
- 塩……小さじ1/2
- 削りがつお……適量
- 米油……小さじ2

作り方

1 キャベツはざく切り、長ねぎは斜め薄切りにする。しめじは小房に分ける。

2 豆腐はパックから出したら、流水でさっと洗い、大きめのボウルに入れる。1と小麦粉、塩を加えてざっくりと混ぜる（Ⓐ）。

3 フライパン（直径約24㎝）に米油を熱し、2を入れて丸く形を整え、両面をこんがりと焼く。器に盛り、削りがつおを散らす。好みでポン酢しょうゆやしょうゆをかけて食べる。

豆腐のおいしさを味わうシンプル鍋

だし汁に豆乳と塩を合わせて汁を作り、豆腐を入れて温めます。野菜は水菜を使いましたが春菊でも。火が強いと豆乳が固まるので、弱火で温めます。

豆乳湯豆腐

材料（2〜3人分）

豆腐（好みのもの）……1丁（300g）
水菜……2株
だし汁（P14参照）、豆乳……各2カップ
塩……小さじ½
小ねぎの小口切り、おろししょうが……各適量
しょうゆ……適量

作り方

1 豆腐はペーパータオルやザルにのせて軽く水きりする。水菜は4cm長さに切る。

2 鍋にだし汁と豆乳を合わせて弱火で温める。フツフツとしてきたら、塩と一口大に切った豆腐を加えて温める。水菜も加えてさっと煮て、小ねぎ、おろししょうがをのせ、しょうゆをかけて食べる。

アドバイス

汁は淡口しょうゆで味をつけてもいいし、味をつけずに好みのたれや薬味を用意して、各自とり分けて、味を加えて食べてもおいしい。やや煮つまってきたら、黒酢を加えて食べるのも好きです。

ちょっと酸っぱくなったキムチが味だしに

〝スンドゥブ〟は豆腐が入った韓国の鍋。最初に油でキムチと肉を炒めるとコクが出ます。キムチは発酵がすすんでやや酸っぱくなったもので。油で炒めると酸っぱさがうまみに変わってよりおいしくなります。

スンドゥブチゲ

材料（2〜3人分）

- 豆腐（好みのもの）……1丁（300g）
- 白菜キムチ……150g
- 豚肉（切り落とし）……100g
- 長ねぎ……1本
- しょうが……½かけ
- A
  - だし汁（P14参照）……2カップ
  - しょうゆ、ナンプラー……各小さじ½
  - みそ……小さじ1〜2
- 卵黄……2個分
- すり白ごま、ごま油……各大さじ1

作り方

1 豆腐はペーパータオルやザルにのせて軽く水きりする。

2 白菜キムチ、豚肉は一口大に切る。長ねぎは斜め1㎝幅に切る。しょうがはせん切りにする。

3 鍋にごま油と豚肉、しょうがを入れ、火にかけて炒め、肉の色が変わってきたら白菜キムチを加えて軽く炒める。キムチの酸味が強い場合はしっかりと炒めるとよい。

4 Aを加えて混ぜ、豆腐はスプーンで一口大にすくって加える。長ねぎを加え、弱めの中火でさらに7〜8分煮る。卵黄を落とし、ひと煮したらすり白ごまをふり、熱々を食べる。

アドバイス

韓国ではおぼろ豆腐を使いますが、好みの豆腐で手軽に作ります。

豆腐のとっておき！

しっかりと水きりして揚げるとはねません

カリッと揚がった表面の香ばしさと、食べると中はフワッとやわらかくてやさしい味。豆腐には片栗粉をまぶしますが、つゆと合わせたときにその衣がトロリとなります。

アドバイス
薬味は長ねぎだけでもよく、おろししょうがもおいしい。

揚げ出し豆腐

材料（2〜3人分）
豆腐（好みのもの）……1丁（300g）
（塩少々　片栗粉適量）
A ｜だし汁（P14参照）……½カップ
　｜しょうゆ、みりん……各小さじ2
　｜塩……少々
長ねぎの小口切り、三つ葉のざく切り……各適量
揚げ油……適量

作り方
1 豆腐はペーパータオルに包み、バットと重石をのせて30分ほどおき、しっかりと水きりする。
2 鍋にAを入れ、ひと煮立ちさせておく。
3 豆腐は6または8等分に切り、塩をふり、全面に片栗粉をまぶす。揚げ油を170℃に熱し、豆腐を入れてカラリと揚げる。器に盛り、長ねぎと三つ葉をのせ、2のつゆを注ぐ。

形は気にしない！ 揚げたてを食べます

市販のがんもとはひと味違い揚げたてを食べて。

つなぎの長いもは入れすぎると豆腐がやわらかくなって形が整わないので、ほんの少し。

でもこのほんの少しがふんわり軽やかにしてくれるのです。

がんも

材料（2～3人分）
木綿豆腐……1丁（300g）
ひじき（乾燥）……10g
ちくわ……1本
にんじん……30g
長いも（皮ごとすりおろして）……小さじ2
塩……二つまみ
揚げ油……適量

作り方
1 豆腐はペーパータオルに包み、バットと重石をのせて30分ほどおき、しっかり水きりする。
2 ひじきは水でもどし、水気をきって、小鍋に入れる。しょうゆ、みりん各少々（分量外）を加えて炒りつけ、下味をつける。ちくわは薄い小口切りにする。にんじんは2㎝長さの細切りにする。
3 すり鉢に豆腐を入れ、なめらかにすりつぶす。2、長いも、塩を加えて混ぜ、一口大に丸める。
4 揚げ油を170℃に熱し、3を入れてこんがりと色づくまで揚げる。油をよくきり、できれば揚げたてを食べる。好みでおろししょうがや柚子こしょうをつけても。

アドバイス
きくらげや干ししいたけ、ぎんなんも具材の常連です。形が作りやすい木綿豆腐で作ります。

豆腐のとっておき！

ていねいに炒めると最少の調味料で極上の味に

豆腐は水きりをしてから、こんがりと色がつくまで焼きつけます。ほかの具材と合わせて炒めるうちにほろりと崩れて、そこから味が入っていきます。

豆腐を焼きつければ、水気もあまり出ないのでお弁当のおかずにも。

豆腐チャンプル

材料（2〜3人分）
木綿豆腐……1丁（300g）
豚肩ロースまたはロース肉（薄切り）……100g
ゴーヤ……½本
卵……2個
（砂糖……小さじ1）
塩……適量
ナンプラーまたはしょうゆ……小さじ1
こしょう……適量
米油……大さじ1

作り方
1 豆腐はペーパータオルに包み、バットと重石をのせて10分ほどおき、水きりをする。
2 豚肉は一口大に切り、塩少々をふる。ゴーヤは縦半分に切ってワタをかきとり、横5㎜幅に切って塩小さじ½をふり、10分ほどおく。卵は割りほぐし、砂糖を混ぜる。
3 フライパンに米油を熱し、卵液を一気に流し入れ、大きく混ぜて半熟状に火を通し、とり出す。続けて豚肉を炒め、ほぼ火が通ったらとり出す。次にゴーヤをさっと炒めてとり出す。
4 豆腐は手で大きめにちぎってフライパンに入れ、全体を焼きつける（Ⓐ）。豚肉とゴーヤを戻して炒め合わせ、卵も戻して軽く炒め（Ⓑ）、ナンプラーとこしょうで味をととのえる。

Ⓐ 豆腐全体に焼き色がつくまでしっかり焼く。

Ⓑ 卵はざっくり切り分けてから炒め合わせる。

アドバイス

お好みで、仕上げに削りがつおをふりかけても。豚肉をランチョンミートやソーセージにする場合は味が濃いので、塩けを控えめにして作ります。

豆腐のとっておき！

切り落としを刻むと肉感たっぷりの麻婆に！

牛肉とたっぷりの玉ねぎを使った
わが家の麻婆豆腐。
玉ねぎの甘みと香味野菜の組み合わせが
気に入っています。
牛肉はひき肉ではなく、切り落としを刻むと
肉感が味わえます。

麻婆豆腐

材料（2〜3人分）

豆腐（好みのもの）……1丁（300g）
牛肉（切り落とし）……150g
玉ねぎ……½個
にら……½わ
にんにく、しょうが……各1かけ
豆板醤……小さじ1
A しょうゆ……小さじ2
　オイスターソース……大さじ2
　砂糖……ニつまみ
片栗粉……大さじ1
（倍量の水で溶く）
米油……大さじ1
ごま油……適量

Ⓐ まず、ざくざくと刻む。

Ⓑ 包丁でたたいて細かくする。

作り方

1 豆腐はペーパータオルやザルにのせて軽く水きりし、1㎝角に切る。

2 玉ねぎは粗みじん切りにし、にらは1㎝幅に切る。にんにく、しょうがはみじん切りにする。牛肉は細かく刻む（Ⓐ、Ⓑ）。

3 フライパンににんにく、しょうが、米油を入れ、弱火にかける。香りが立ったら、豆板醤、玉ねぎの順に加えて炒める。牛肉を加えてさらに炒め、肉にほぼ火が通ったら塩少々（分量外）をふって水1カップを加える。Aと豆腐を加え、弱めの中火で煮る。

4 豆腐が温まったら水溶き片栗粉でとろみをつけ、にらを加え、ごま油を回しかけて火を止める。

アドバイス

あれば最後に中国の山椒、花椒《ホワジャオ》を入れると本格的な味に。粒を包丁で刻んでもよく、または粉を使っても。

Column 1

（アレンジ力をアップする）

ちょっと発想を変えると、料理ってこんなにも幅が広がります。

フレンチトーストで（P34 参照）

ジャムを添える⇒

ジャムのせフレンチトースト

材料（2人分）と作り方

1　卵1個は溶きほぐし、牛乳½カップを加えてよく混ぜる。食パン（6枚切り）2枚を入れて冷蔵庫におき、ときどき返しながら卵液を吸わせる。

2　バター、オリーブ油各大さじ1で「フレンチトースト」と同様に両面をこんがりと焼く。

3　器に盛り、水きりしたヨーグルトと好みのジャムを添える。

味を変える⇒

塩味フレンチトースト

材料（2人分）と作り方

1　卵1個は溶きほぐし、塩一つまみ、牛乳½カップを加えてよく混ぜる。食パン（6枚切り）2枚を入れて冷蔵庫におき、ときどき返しながら卵液を吸わせる。

2　バター、オリーブ油各大さじ1で「フレンチトースト」と同様に両面をこんがりと焼く。

3　器に盛り、粉チーズ大さじ2を等分にかける。

パンを変える⇒

バゲットフレンチトースト

材料（2人分）と作り方

1　バケット20cmは長さを4等分に切る。卵2個は溶きほぐし、砂糖大さじ2と牛乳1カップを加えてよく混ぜる。バゲットを入れて冷蔵庫におき、ときどき返しながら卵液を吸わせる。

2　バター、オリーブ油各大さじ1で「フレンチトースト」と同様に全体をこんがりと焼く。

3　器に盛り、いちご、ブルーベリー、キウイフルーツなど好みのフルーツを添える。

＊はちみつやメイプルシロップ、粉砂糖をかけてもおいしい。

切り方を変える⇒

大判豆腐ステーキ

材料（2人分）と作り方

1　木綿豆腐1丁（300g）は「豆腐ステーキ」と同様に水きりし、厚みを半分に切る。

2　紫玉ねぎ¼個は薄切りにし、水にさらして水けをきる。

3　フライパンに米油大さじ1を熱して1の両面をこんがりと焼く。器に盛り、2を散らし、ポン酢しょうゆをかける。

豆腐ステーキで（P60参照）

味を変える⇒

照り焼きステーキ

材料（2人分）と作り方

1　木綿豆腐1丁（300g）は「豆腐ステーキ」と同様に水きりし、6等分に切る。

2　小ねぎ1本は小口切りにする。

3　フライパンに米油大さじ1を熱して1の両面をこんがりと焼く。余分な油をペーパータオルでふき、みりん大さじ2を入れて煮立たせ、しょうゆ大さじ1を加えてからめる。器に盛り、2を散らす。

ソースをかける⇒

生トマトソースがけステーキ

材料（2人分）と作り方

1　木綿豆腐1丁（300g）は「豆腐ステーキ」と同様に水きりし、6等分に切る。

2　ミニトマト10個は4等分に切り、オリーブ油小さじ2、塩ひとつまみ、パセリのみじん切り少々と混ぜておく。

3　フライパンにオリーブ油大さじ1、つぶしたにんにく1かけ分を入れて弱火にかけ、香りが立ってきたらとり出す。1を並べ入れて両面をこんがりと焼き、器に盛り、2をかける。

＊とり出したにんにくは一緒に食べてもよい。

3章

牛切り落とし肉

——牛切り落とし肉でワンランクアップ

牛肉と聞くとハードルが高いと思うかもしれませんが、
切り落としなら買いやすく、しかも扱いやすい。
独特のうまみがあり、さっと炒める、煮るだけでもごちそうになります。
そう、切り落としはとっても火通りがいいので
〝さっと〟でき上がってしまうのです。
牛肉全般に言えますが、
コツは調理前に肉の脂がやわらかくなるまで常温におくこと。
これさえ守れば、肉がパサつくことなく、しっとりと仕上がります。
決して冷蔵庫から出して、
すぐに熱々のフライパンにのせてはいけませんよ。
そして牛肉は広げながら入れましょう。
肉食べたいなー、おもてなししてみようかなー、
となったときに切り落としをぜひ。
得意とする料理に牛肉を加えてみませんか。

牛切り落とし肉のよいところ

牛肉の中では買いやすく、肉のうまみも楽しめる

さっと火が通るのですぐにごちそうに

ひき肉にも、大きな1枚にもなってアレンジできる

まずはこの1品

ビーフストロガノフ

名前から手の込んだ難しい料理では……と思うかもしれませんが、
牛肉、玉ねぎなどの材料を炒めたらさっと煮るだけ。
世界的に知られたロシアの伝統料理です。
この料理、本来はサワークリーム（スメターナ）を使いますが、
手に入りやすい生クリームで作れます。
切り落としの肉で充分にごちそう感あふれる一皿に。
小麦粉はとろみをつけるために入れ、
白ワインは全体の風味をよくするために使います。
かくし味にはしょうゆを。
しょうゆのコクが生クリームとよく合うんです。

まずはこの１品

ビーフストロガノフ

材料（2～3人分）

牛肉（切り落とし）……200g
（塩小さじ¼）
玉ねぎ……1個
マッシュルーム……6個
おろしにんにく……小さじ½
小麦粉……小さじ2
白ワイン……¼カップ
A 淡口しょうゆ、しょうゆ……小さじ½～1
　ウスターソース……大さじ1
　生クリーム……1カップ
ごはん（温かいもの）……茶碗2～3杯分
パセリの粗みじん切り……少々

作り方

1 牛肉は一口大に切り(Ⓐ)、塩をふる。玉ねぎは縦半分に切り、縦1cm幅に切る。マッシュルームは石づきがあれば除き、5mm幅に切る(Ⓑ)。

2 フライパンに牛肉を入れてから火にかけ、油なしで炒め、肉の色が変わったらとり出す(Ⓒ)。

3 フライパンに玉ねぎ、マッシュルームの順に入れて炒め、牛肉を戻し入れる(Ⓓ)。にんにくを加えてさっと炒め、小麦粉をふって炒める。全体に粉がなじんだら、白ワインを加えて煮汁が半量になるまで煮つめる。Aを加え、さっと煮る(Ⓔ)。

4 器にごはんを盛り、パセリを散らし、3をたっぷりとかける。

Ⓐ 食べやすい大きさになればOK。

Ⓑ 玉ねぎは食感が残るようにあまり細く切らない。1cm幅が目安。

Ⓒ 牛肉の色が変わったらすぐにとり出す。

Ⓓ 玉ねぎが透き通り、少ししんなりしたら牛肉を戻し入れる。

Ⓔ 生クリームを加えたら、煮すぎないこと。さっとでOK。

にんじんライス

材料（3〜4人分）と作り方

1　米2合は洗ってザルに上げて10分ほどおく。

2　にんじん1本（120g）はよく洗い、皮ごとおろす。水けが多く出たら、ザルに上げて汁はとりおく。

3　炊飯器に米を入れ、にんじんの汁があれば加え、さらに2合の目盛りまで水加減する。塩小さじ½を混ぜ、にんじんをのせて炊く。炊き上がったらさっくりと混ぜる。

ライスバリエーション

ビーフストロガノフにはこんなごはんも合います。ごはんを変えて楽しんで。シチューやカレー、オムレツなどにもおすすめです。

バターナッツライス

材料（3〜4人分）と作り方

1　米2合は洗ってザルに上げて10分ほどおく。炊飯器に入れ、2合の目盛りまで水加減して炊く。

2　炊き上がったらバター20gを混ぜ、器に盛ってスライスアーモンド適量を散らす。

チーズライス

材料（3〜4人分）と作り方

1　米2合は洗ってザルに上げて10分ほどおく。炊飯器に入れ、2合の目盛りまで水加減して炊く。

2　炊き上がったらバター10gを混ぜ、器に盛ってプロセスチーズ適量は5㎜角に切って散らす。

細く切らずにラフに切ってOK

たけのことピーマンに牛肉のうまみを存分にまとわせて仕上げる炒めもの。たけのこは味がしみにくい野菜なので、炒めるときに軽く塩味をつけておきます。

アドバイス
ラーメンや焼きそばに合わせてもいい炒めものです。

青椒肉絲《チンジャオロースー》

材料（2〜3人分）
牛肉（切り落とし）……… 150g
（塩小さじ⅓　酒小さじ2）
ゆでたけのこ……… 100g
ピーマン……… 5個
塩……… 二つまみ
ナンプラー……… 小さじ1〜2
ごま油……… 小さじ2

作り方
1　牛肉は一口大に切り、塩、酒をもみ込む。たけのこは縦薄切りにし、ピーマンは縦細切りにする。
2　フライパンに油はひかずに牛肉を広げるようにして入れてから炒め、肉の色が変わって火が通ったらとり出す。
3　続けてフライパンにごま油を足し、たけのこ、ピーマンの順に塩を一つまみずつふって炒める。野菜に火が通ったら、牛肉を戻し、ナンプラーで味をととのえる。

バターは最後にからめて香りを残します

玉ねぎと肉だけのシンプルな炒めものに、バターの香りとコクをプラスして、レモンで味を引き締めます。洋風な味つけですが、白いごはんがすすみます。

アドバイス

玉ねぎのほかに、エリンギやマッシュルームなどのきのこを一緒に炒めてもおいしい。

牛肉のレモンバター炒め

材料（2〜3人分）

牛肉（切り落とし）……200g
玉ねぎ……½個
にんにく……½かけ
バター……大さじ1
レモン汁……小さじ2
こしょう……少々

作り方

1 牛肉は一口大に切る。玉ねぎは縦1cm幅に切ってほぐし、にんにくは薄切りにする。

2 フライパンに油はひかずに牛肉を広げるようにして入れてから炒め、塩一つまみ（分量外）をふり、肉の色が変わって火が通ったらとり出す。

3 続けてフライパンに玉ねぎとにんにくを入れて炒め、塩一つまみ（分量外）をふって炒め合わせる。牛肉を戻し、バターを加え、バターが溶けて全体になじんだら、レモン汁を加え、こしょうをふる。

具だくさん炒めはとろみで味をからめます

牛肉、オイスターソースともにパンチがあるから、どちらも譲らず主張し合っておいしくなります。大人の食卓なら、生の唐辛子も薬味でなく具材として入れて食べます。

牛肉と夏野菜のオイスター炒め

材料（2〜3人分）

牛肉（切り落とし）……150g
（塩、しょうゆ、酒各少々）
トマト……2個
なす……2本
生きくらげ……大2枚
青唐辛子……5本
A にんにくのみじん切り……1かけ分
　長ねぎの青い部分のみじん切り……1本分
B だし汁（P14参照）……1カップ
　オイスターソース……大さじ1½
　紹興酒（あれば）……大さじ1
　しょうゆ……小さじ1
　こしょう……少々
片栗粉……小さじ2
（倍量の水で溶く）
米油……大さじ1
ごま油……小さじ1

作り方

1 牛肉は一口大に切り、塩、しょうゆ、酒をからめる。トマトは一口大に切る。なすは1cm幅の輪切りにし、塩二つまみ（分量外）をふる。きくらげは石づきを除き、一口大に切る。青唐辛子はヘタを切る。

2 フライパンに油はひかずに牛肉を広げるようにして入れてから炒め、肉の色が変わって火が通ったらとり出す。

3 続けてフライパンに米油を足し、Aを炒める。香りが立ったら、なすを加えて炒め、ほぼ火が通ったら、青唐辛子、きくらげの順に炒める。2を戻し、Bを加えて炒め合わせる。味がからんだら、水溶き片栗粉でとろみをつけ、トマトを加えてひと煮立ちさせる。ごま油を回しかけ、火を止める。

アドバイス

きくらげば乾燥をもどしたものでもよく、辛いものが苦手なら青唐辛子はなくても。紹興酒を入れると香りがよくなります。

炒めた肉とトマトのレモンあえでさっぱりと

トマトのレモンあえをドレッシング代わりに、たっぷりとかけてさっぱりと食べます。トマトはレモン汁と合わせておくと、おいしいジュースが出てきます。その汁ごとかけて。

アドバイス

肉を炒める際、油を使わないのは肉から充分に脂が出るから。切り落とし肉の脂のつき具合によって油なしで炒めるか、少し油を足すか決めています。炒めた際に余分な脂が出たら、ペーパータオルに吸わせます。

牛肉炒めの生トマトソースがけ

材料（2〜3人分）

牛肉（切り落とし）……200g
（塩二つまみ）
トマト……2個
A
塩……一つまみ
レモン汁……小さじ½
パセリのみじん切り……小さじ1

作り方

1 牛肉は一口大に切り、塩をふる。

2 トマトは1㎝角に切り、Aと合わせて10分ほどおいて汁けを出す。

3 フライパンに油はひかずに牛肉を広げるようにして入れてから炒め、肉の色が変わって火が通ったらとり出して器に盛る。2とパセリを合わせ、汁ごとかける。

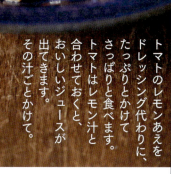

定番煮もの！ 肉とじゃがいもで充分おいしく満足

牛肉のコクでじゃがいもがしっとり煮上がります。最初からじゃがいもと一緒に煮てもよいですが、肉をやわらかく食べたいときには後入れに。

アドバイス

だし汁で煮るなら牛肉とだしのダブルのうまみで濃厚に。水で煮れば、牛肉だけのうまみで、じゃがいもの味がストレートに口に広がります。

肉じゃが

材料（2〜3人分）

- 牛肉（切り落とし）……80g
- じゃがいも……4個
- A
  - だし汁（P14参照）または水……1カップ
  - 砂糖……大さじ1
- しょうゆ……大さじ2
- ごま油……大さじ1

作り方

1 牛肉は一口大に切る。じゃがいもは皮をむいて半分または4等分に切る。

2 鍋にごま油とじゃがいもを入れ、中火にかけて炒める。全体に油がなじんだらAを順に加え、煮立ったら落としぶたをして、さらに鍋ぶたをして弱めの中火で10〜15分煮る。

3 牛肉を広げ入れ、しょうゆを加えて落としぶたをし、煮汁が半量になるまで煮つめる。

派手さはなくても本当に喜ばれる煮もの

牛肉、昆布を合わせることでうまみの相乗効果でおいしさは7〜8倍に。白飯との相性は抜群。うまみたっぷりの昆布のもどし汁も活用します。

アドバイス

冷蔵庫で4〜5日保存可能。炊き込みごはんの素にしたり、混ぜごはんにしたりできます。糸昆布は細切り昆布とも呼ばれるもの。糸昆布の代わりに、だしをとったあとの昆布を何枚かまとまるまで保存袋に入れて冷凍庫でためておいて、細切りにして牛肉と炒めても。

牛肉と昆布の炒め煮

材料（作りやすい分量）

牛肉（切り落とし）……200g
糸昆布（乾）……50g
A
- 昆布のもどし汁……160㎖
- 酒……大さじ2
- 淡口しょうゆ……大さじ1
- 塩……小さじ1/3

米油……小さじ1

作り方

1 糸昆布は水2カップにつけ、やわらかくなるまで15分ほどおいてもどす。昆布が長い場合は、食べやすい長さに切る。もどし汁160㎖をとりおく。

2 牛肉は一口大に切る。

3 フライパンに米油、牛肉、昆布の順に加えながら炒める。全体に油が回ったらAを加え、ふたをして10分ほど煮る。煮汁が多い場合は、ふたをとって煮つめる。

ごぼうとトマト、実は相性抜群です

牛肉と根菜、トマトの組み合わせはわが家の定番おかずの一つ。白いごはんにかけても。

牛肉とごぼうのトマト煮

材料（2〜3人分）
牛肉（切り落とし）……150g
ごぼう……1本（200g）
にんにくのみじん切り……1かけ分
トマト水煮……1缶（400g）
だし汁（P14参照）……½カップ
A 塩……小さじ½
　しょうゆ……小さじ1
オリーブ油……大さじ1

アドバイス
ごぼうの代わりにれんこんや里いもでも作ります。もちろんそれらをミックスするのもありです。

作り方
1 牛肉は一口大に切る。ごぼうはタワシでこすって洗い、5㎝長さに切り、太いものは縦半分または4等分に切る。トマト水煮はボウルに移し、手でつぶす。
2 鍋またはフライパンにオリーブ油とにんにくを入れ、弱火にかけ、にんにくの香りが立つまで炒める。牛肉を加えて軽く炒め、ごぼうを加えてさらに炒める。
3 全体に油がなじんだら（Ⓐ）、トマト水煮とだし汁を加え、ふたをして弱めの中火で20分ほど煮る。ごぼうがやわらかくなったら、ふたをはずし、煮汁にとろみがつくまで中火で煮つめる。Aで味をととのえる。

Ⓐ 油がなじめばOK。

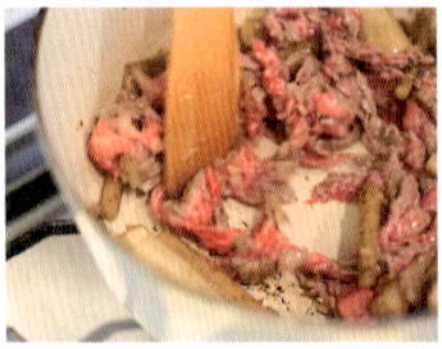

肉さえあれば、野菜は家にあるもので

野菜は家にある
じゃがいもと玉ねぎで。
味つけは塩だけですが、
これも牛肉のうまみが
あるからこそ
できる味つけです。

牛肉とじゃがいものシチュー

材料（2〜3人分）

牛肉（切り落とし）……200g
じゃがいも……4個
玉ねぎ……1個
にんにく……1かけ
小麦粉……大さじ1
塩……小さじ1
こしょう……少々
オリーブ油……大さじ1

作り方

1 牛肉は一口大に切る。じゃがいもは皮をむいて4等分に切る。玉ねぎは縦6等分のくし形に切り、にんにくはつぶす。

2 鍋ににんにくとオリーブ油を入れて弱火にかけ、にんにくの香りが立つまで炒めて、にんにくはとり出す。牛肉を加え、塩一つまみ（分量外）をふって炒め、肉にほぼ火が通ったら、小麦粉をふり、肉になじませる。

3 じゃがいもと玉ねぎを加えて軽く炒め合わせ、水3カップを加えて煮る。好みでとり出したにんにくをもどす。じゃがいもがやわらかくなったら、塩で味をととのえる。器に盛り、こしょうをふる。

アドバイス

玉ねぎがなければ長ねぎ、じゃがいもがなければにんじん。といった具合に常備している野菜や、冷蔵庫の残りでよく、特に決まりなし。

漬けみそは、みそと甘酒を混ぜるだけ

肉を1枚ずつ広げてみそをつけると、味がつきます。1枚ずつになっていたほうが焼きやすく、均等に火が入ります。面倒がなく、仕上がりもきれい。

みそ漬け焼き

材料（2～3人分）
牛肉（切り落とし）……200g
みそ、甘酒……各大さじ1½
キャベツのせん切り……適量
米油……少々

作り方
1 みそと甘酒をよく混ぜる。
2 バットに牛肉を1枚ずつ広げながら、1を薄くぬり、肉を重ねる。すべてにぬったら落としラップをしてさらにラップをかぶせて、冷蔵庫に3～4時間（一晩まで）おく。
3 フライパンに米油をなじませ、牛肉を1枚ずつはがしながら並べ入れてから両面を焼く。キャベツの上にのせて盛る。

切り落とし肉の形を整えて野菜を巻きます

切り落としでも、1枚1枚広げて、小さいものは重ねて形を整えれば野菜を巻いても、まったく問題なし。季節の野菜を芯にして巻きます。冷めてもおいしくお弁当のおかずにおすすめ。

肉巻きのみそがらめ

材料（2〜3人分）

牛肉（切り落とし）……200g
（塩、こしょう各適量）
じゃがいも（できればメークイン）……1個
にんじん……1/3本
A
- みそ、砂糖……各大さじ1
- 酒……大さじ1½
- 淡口しょうゆ……小さじ½
- 水……大さじ2

米油……小さじ1

アドバイス

牛肉の味つけは塩、こしょう味、しょうゆ味、オイスターソース味、ケチャップ味、みそ味と、どれもそれぞれおいしくできます。

作り方

1 じゃがいも、にんじんはともに5㎝長さ、7〜8㎜角の棒状に切る。耐熱容器に入れ、ラップをふんわりとして電子レンジに3〜4分かける。Aを合わせよく混ぜておく。

2 牛肉は1枚ずつ広げ、小さいものは何枚か重ねて具が巻けるくらいの大きさに形を整え、塩、こしょうを軽くふる。牛肉の端にじゃがいもとにんじんを2本ずつ（本数は肉の大きさによって加減する）のせて巻く。

3 フライパンに米油をなじませ、2の巻き終わりを下にして並べてから焼く。合わせ目が焼けたら転がし、全体に焼き色をつけながら火を通す。火を止めて混ぜたAを加えて全体にからめ、再び火にかけてさっと煮つめる。

こんな使い方もあります

粗く刻めばひき肉に。肉感たっぷり味わえます

刻んだ牛肉はひき肉よりしっとりしていて、やわらかく感じます。ポイントは肉を炒めすぎないこと。肉が縮れて、うまみが出てしまうので注意します。

ドライカレー

材料（2〜3人分）

牛肉（切り落とし）……200g
（塩小さじ½）
玉ねぎ……½個
にんにく、しょうが……各1かけ
塩……小さじ½
A カレー粉……大さじ2
　しょうゆ、トマトケチャップ……各大さじ1
ごはん（温かいもの）……適量
パセリの粗みじん切り……少々
オリーブ油……大さじ1

Ⓐ まず、ざくざくと刻む。

Ⓑ さらに包丁でたたく。

作り方

1 牛肉は包丁で刻み、(Ⓐ)、さらにたたいて粗いミンチ状にして(Ⓑ)、塩をふる。玉ねぎは粗みじん切りにし、にんにく、しょうがはみじん切りにする。

2 フライパンににんにく、しょうが、オリーブ油を入れ、弱火でじっくりと炒める。香りが立ったら玉ねぎを加えて炒め、透き通ってきたら塩をふる。

3 牛肉を加えて炒め合わせ、肉にほぼ火が通ったら、Aを加えてよくなじませ、肉に火を通す。器にごはんを盛り、ドライカレーをのせてパセリをふる。

アドバイス

ドライカレー用には、ひき肉より粗く刻んだほうが食べごたえが残ります。

切り落としを刻めば
食べごたえたっぷりの
ハンバーグに

肉はできるだけ赤身の多いもので。
焼いたときに小さくならず、形も崩れません。
切り落としを使うほかは、
ごくごく普通のハンバーグのレシピです。

たたき牛肉ハンバーグ

材料（2～3人分）

牛肉（切り落とし）……200g
玉ねぎ……½個

A
- パン粉……大さじ3
- 牛乳……大さじ2
- 卵……1個
- 塩……小さじ¼
- しょうゆ……小さじ½
- こしょう……少々

B
- トマトケチャップ、中濃ソース……各大さじ1
- 水……大さじ2

つけ合わせ
- 粉ふきいも、ゆでブロッコリー……各適量

米油……小さじ2

作り方

1 牛肉は包丁で刻み、さらにたたいて細くする(A)。玉ねぎはみじん切りにする。

2 フライパンに米油小さじ1を熱し、玉ねぎを色づくまで炒める。塩ニつまみ(分量外)を加えて混ぜ、火を止めて粗熱をとる。

3 ボウルに1、2、Aを合わせてよく練り混ぜ、2、3等分にする。キャッチボールをするようにして中の空気を抜き、小判形にまとめる。

4 フライパンに米油小さじ1を熱して、3の中央をくぼませて並べ入れる(B)。両面を色よく焼き、ふたをして5分ほど蒸し焼きにして中まで火を通し、器に盛る。

A 包丁でたたいて細かくする。

B 焼く途中でふくらむので真ん中をくぼませて焼く。

5 続けてフライパンにBを入れ、底に残ったうまみをこそげ落としてなじませたら、とろみがつくまで煮つめてハンバーグにかける。つけ合わせを添える。

アドバイス

今回は大きめ2個、小さめ1個に分けました。食べる人の量に合わせてサイズはお好みで。小さめはお弁当用にしてもよく、または2等分してビッグサイズ2個にしても。ビッグサイズのときはふたをして蒸し焼きにする時間を長めにしてください。

牛肉は火を止めてからゆでるとしっとりふんわりに

しゃぶしゃぶ肉でなくても、切り落とし肉で充分においしく、見た目も豪華になるゆで牛肉のサラダ。季節の野菜をたっぷりと添えて、香味野菜を加えた香りのいいピリ辛だれで食べます。

きのことれんこんの牛肉サラダ

材料（2〜3人分）
牛肉（切り落とし）……200g
れんこん……1節（200g）
きのこ（しめじ、エリンギ合わせて）……200g
豆腐（好みのもの）……½丁（150g）
みそだれ
みそ……大さじ2
しょうゆ、酢……各大さじ1
砂糖……大さじ½
赤唐辛子……1本
長ねぎの青い部分……1本分
しょうがまたはにんにく……1かけ

作り方
1 みそだれの赤唐辛子は種を除いて小口切り、長ねぎの青い部分、しょうがはみじん切りにし、残りの材料と混ぜ合わせる。
2 れんこんは皮をむき、5㎜厚さの輪切りにする。しめじは根元を除き、粗くほぐす。エリンギはしめじの大きさに合わせて切る。豆腐は4等分に切る。
3 鍋に湯を沸かし、れんこんをやわらかく、きのこをさっとそれぞれゆでる。続けて豆腐を入れ、温まったらザルに上げる。火を止めて80〜90℃の湯で、牛肉を1枚ずつ入れてゆで、色が変わったらペーパータオルにとって水けをきる。温かいうちに器に盛り、1をかける。

アドバイス
みそだれの酢は黒酢でもよく、中国の山椒、花椒《ホワジャオ》を軽くつぶして混ぜても。

野菜に熱々の牛肉炒めをのせるのがポイント

ケチャップをかくし味にした甘辛炒めの牛肉を、熱々のうちに葉野菜にのせます。葉野菜がややしっとりとして、甘辛い肉と、香ばしいにんにく、酸味とうまみのトマトを一緒に食べます。

牛肉の甘辛炒めのせサラダ

材料（作りやすい分量）

牛肉（切り落とし）……200g
レタス……½個
ピーマン……1個
紫玉ねぎ……¼個
ミニトマト……5個
にんにく……2かけ
A
　砂糖、酒……各大さじ1
　しょうゆ、トマトケチャップ……各小さじ2
オリーブ油……大さじ2

作り方

1 レタスは3〜4等分に大きくくし形に切り、葉がバラバラにならないように器に盛る。ピーマンは輪切り、紫玉ねぎは縦薄切りにし、水に5分さらして水けをきってレタスにのせる。

2 にんにくは薄切りにし、フライパンにオリーブ油とともに入れて弱火にかける。香りが立って薄く色づいたら、にんにくをとり出し、ペーパータオルにのせる。

3 続けてフライパンに牛肉を広げながら入れて炒める。ほぼ火が通ったら、Aを順に加えて炒め合わせる。1の野菜の上にのせ、ミニトマトは粗く刻み、2のにんにくチップとともに散らす。

アドバイス

にんにくチップは多めの油に入れ、弱火でじっくりと加熱し、薄く色づいたらとり出します。

にんにくじょうゆが味の決め手。簡単だからぜひ手作りを

牛肉は味出し。ほんの少し入れるだけで、ごはんにうまみが広がります。牛肉とにんにく、個性の強いもの同士を組み合わせることで風味豊かなごはんに。

牛肉入りガーリックライス

材料（2〜3人分）
牛肉（切り落とし）……50g
（塩少々）
玉ねぎ……¼個
にんにくじょうゆのにんにく（下記参照）……1かけ
ごはん（温かいもの）……茶碗3杯分
にんにくじょうゆまたはしょうゆ……少々
小ねぎの小口切り……適量
米油……小さじ1

作り方

1 牛肉は粗く刻む。玉ねぎはみじん切り、にんにくは粗みじん切りにする。

2 フライパンに油をひかずに牛肉を広げるようにして入れてから炒め、肉の色がほぼ変わったら塩をふり、とり出す。

3 続けてフライパンに米油を足し、玉ねぎを炒める。透き通ってきたら、ごはんを入れて炒め合わせ、にんにくを加えてよく炒める。2を戻し、最後ににんにくじょうゆを回しかけ、さっと炒めて器に盛る。小ねぎを散らす。

アドバイス

にんにくじょうゆは、にんにく数かけをびんに入れ、しょうゆを注いで冷蔵庫で保存。1週間後から食べられ、日持ちは6か月くらい。

韓国料理のビビンバにヒントを得た炊き込みごはん

炊飯器で炊く、簡単ごはん。豆もやしの豆がプチプチとした歯ざわりでアクセントになり、春菊は個性的な香りで甘辛い牛肉の味を盛り立ててくれます。

牛肉と豆もやしの炊き込みごはん

材料（3〜4人分）
牛肉（切り落とし）……150g
米……2合
A しょうゆ……大さじ2
　オイスターソース……大さじ1
　砂糖……小さじ1
豆もやし……1袋（200g）
春菊……5〜6本（正味80g）

作り方
1 米は洗い、水けをきって炊飯器に入れ、2合の目盛りよりも控えめに水加減して30分ほど浸水する。
2 牛肉は一口大に切り、ポリ袋に入れ、Aを加えてよくもみ込む。豆もやしはできるだけひげ根をとる。春菊は葉を摘む（茎はごまあえやきんぴら、みそ汁に使う）。
3 1の米の上に豆もやし、牛肉の順にのせ、牛肉を広げて普通に炊く。炊き上がったらすぐに春菊をのせ、ふたをして蒸らす（春菊がやわらかい場合は30秒ほど、かたい場合は10分ほど）。軽く混ぜ合わせる。

アドバイス
牛肉の下味に、にんにくやごま油を加えるとより韓国風になります。コチュジャンを混ぜると、辛みが効いてまた違った味わいに。目玉焼きをのせたり、卵黄を落としたりして食べても。

甘辛い牛肉とやわらかい卵とじのコラボを楽しんで

牛肉の甘辛味をやさしい卵で包み込みます。「しいたけ、ごぼうの卵とじ」（P44参照）と同様に溶き卵は2回に分けて入れるのがポイント！
1回目はややしっかりと火を通し、2回目は1回目の上に重ねるように流し入れると卵が汁の下に沈まず、表面に出るので見た目もよくなります。

牛丼

材料（2～3人分）

牛肉（切り落とし）……150g
玉ねぎ……1個
三つ葉……1わ
卵……3個
だし汁（P14参照）……½カップ
A 酒、みりん……各大さじ1
　砂糖……大さじ½
　しょうゆ……大さじ1½
ごはん（温かいもの）……茶碗2～3杯分
焼きのり、紅しょうが（細切り）……各適量

作り方

1 牛肉は一口大に切る。玉ねぎは縦半分に切り、1cm幅のくし形に切り、ほぐす。三つ葉は4cm長さに切る。卵は溶きほぐす。

2 フライパンまたは鍋に玉ねぎ、だし汁を入れ、中火で煮る。玉ねぎがやわらかくなったら、牛肉を広げるようにして入れ、Aを順に加えて肉に火を通しながら、味を含ませる（Ⓐ）。

3 肉の色が変わったら三つ葉をのせ、溶き卵の半量を回し入れる（Ⓑ）。卵に火が通ってきたら、残りの溶き卵を重ねるように回し入れ（Ⓒ）、好みの加減に火を通す。

4 器にごはんを盛り、焼きのりをちぎってのせ、3を汁ごとのせる。紅しょうがを添える。

Ⓐ 牛肉の色が変わるまで煮て、肉に火を通す。

Ⓑ 溶き卵1回目。ぐるりとひと回し。

Ⓒ 溶き卵2回目。しっかり火を通したいときはふたをするとよい。

アドバイス

牛肉の量が少なくても、玉ねぎや卵で量を調整できるので、ほんの少し冷凍庫に牛肉を見つけたときにはこの丼にすることが多いです。

ねぎのせん切り、白髪ねぎたっぷりがごちそう

香味野菜とレモンの香りと酸味、香ばしいごま油が牛肉をおいしくしてくれます。

アドバイス

白髪ねぎは、長ねぎの白い部分で。5㎝長さに切り、縦に切り目を入れて、芯の部分を除く。外側の白い部分を何枚か重ね、端から繊維にそって細切りにする。芯の部分は、みそ汁などに使うとよい。

牛肉の香味あえ

材料（2〜3人分）

牛肉（切り落とし）……250g
（塩小さじ½）
長ねぎ……2本
セロリ……1本
A
- レモン汁……½個分
- ナンプラー……小さじ2
- こしょう……適量
- ごま油……大さじ1

レモン……適量

作り方

1 長ねぎは白髪ねぎにし、水に5分ほどさらし、水けをよくきる。セロリは5㎝長さのせん切りにする。合わせて大きめのボウルに入れておく。

2 牛肉は一口大に切る。フライパンに油はひかずに牛肉を広げ入れてから炒める。肉の色が変わってほぼ火が通ったら塩をふり、熱いうちに1に加える。

3 2にAを加えてあえる。器に盛り、レモンを添える。

練りごまのコクがたまらない

キャベツとにら、肉の順に次々に湯に入れて、鍋一つでゆでます。

牛肉とキャベツの辛みごまあえ

材料（2〜3人分）

牛肉（切り落とし）……50g
キャベツ……5枚
にら……½わ
A
- 練り白ごま……大さじ1
- しょうゆ……小さじ1½

作り方

1 牛肉は一口大に切る。キャベツは一口大にちぎり、軸は包丁で薄切りにする。にらは4cm長さに切る。

2 鍋に湯を沸かし、キャベツ、にらをさっとゆで、ザルに上げる。鍋の火を止め、牛肉を入れる。菜箸でほぐしながら余熱でゆで、色が変わったらペーパータオルにとって水けをきる。

3 ボウルにAを合わせ、牛肉、水けを軽く絞った野菜を加えてあえる。器に盛り、好みでラー油をかける。

主役はきゅうりで、牛肉でうまみをプラス

こちらのあえものも牛肉は脇役。でもひとたび肉を合わせれば、きゅうりがごはんのおかずに変身します。

牛肉ときゅうりのごま酢あえ

材料（2〜3人分）

牛肉（切り落とし）……50g
きゅうり……3本
塩……適量
A
- すり白ごま……大さじ3
- 酢、砂糖……各大さじ1
- 淡口しょうゆ……小さじ1〜2

作り方

1 きゅうりは塩をたっぷりまぶして板ずりし、15分ほどおく。しんなりしたら、塩をさっと流して水けをふき、めん棒などでたたいて、一口大に割る。

2 牛肉は一口大に切る。鍋に湯を沸かし、沸騰したら火を止めて牛肉を入れる。菜箸でほぐしながら余熱でゆで、色が変わったらペーパータオルにとって水けをきる。

3 ボウルにAを合わせ、1、2を加えてあえる。

甘辛く煮た牛肉を入れて和風コロッケに

牛肉を甘辛く炒めて、つぶしたいもと合わせます。肉は細かくせずに、大きめに入れるのが好きです。小さく切りすぎると牛肉らしさがなくてつまらないので。

牛肉コロッケ

材料（16個分）

- 牛肉（切り落とし）……200g
- A │酒、しょうゆ、砂糖……各大さじ1½
- 玉ねぎ……大1個（300g）
- （塩小さじ1）
- じゃがいも……6個
- 衣
  - 小麦粉……適量
  - 溶き卵……1個分
  - パン粉……適量
- 米油……大さじ1
- 揚げ油……適量

作り方

1　玉ねぎは粗みじん切りにし、フライパンに米油と合わせて入れ、透き通るまで炒め、塩で味をつけ、冷ます。

2　牛肉は小さめの一口大に切る。フライパンに油はひかずに牛肉を広げ入れてから炒め、ほぼ火が通ったらAを加え、汁けがなくなるまで煮つめて、冷ます。

3　じゃがいもは皮をむいて4つに切り、ヒタヒタの水でゆでる。やわらかくなったら湯をきり、水けを飛ばして粉ふきにしてつぶす。

4　温かい3に1、2を加えて混ぜ（Ⓐ）、16等分して、丸める（Ⓑ）。小麦粉をまんべんなくまぶし、溶き卵にくぐらせて転がしながらパン粉をつける。

5　揚げ油を170℃に熱して4を入れ、カラリとするまで揚げ、油をきって器に盛る。味つきなのでそのまま食べられるが、好みでソースをかけてもよい。

Ⓐ　じゃがいもが温かいうちに玉ねぎ、牛肉を混ぜる。

Ⓑ　小さなじゃがいもくらいの大きさに丸める。

アドバイス

レシピはじゃがいもで作りましたが、じゃがいもと里いもをミックスしても。里いも入りのねっとりしたコロッケは、季節になると必ず娘からリクエストがあるくらい、家族の大好物です。

具をはさめば味も変化し、ボリュームも満点に

切り落とし肉をうまく重ね、形を整えればカツもできます。炒め玉ねぎなどの具をはさめばボリューム満点のおかずのでき上がり。切り落とし肉を自由自在に操って、形を変えていくのが楽しい。

牛カツ

材料（約6個分）

牛肉（切り落とし）……250g
玉ねぎ……½個
ピザ用チーズ……30g
きゅうりのピクルス……小6本
塩、こしょう……各適量
小麦粉、溶き卵、パン粉……各適量
米油……小さじ1
揚げ油……適量

作り方

1 玉ねぎは縦薄切りにし、米油でしんなりするまで炒めて冷ます。ピクルスは縦薄切りにする。

2 牛肉は1枚ずつ広げ、小さなものは何枚か重ねて、具が包めるくらいの大きさ（片手くらい）に整え、6セット作る。

3 牛肉の半分に炒めた玉ねぎ、ピザ用チーズ、ピクルスの順に等分にのせ（Ⓐ）、塩、こしょうをふる。牛肉を折って具にかぶせ（Ⓑ）、上から軽く押さえて形を整える（Ⓒ）。

4 小麦粉をまんべんなくまぶし、溶き卵にくぐらせて、パン粉をつける。170℃に熱した揚げ油に入れ、こんがりと色よく揚げる。油をよくきって、あればサラダ菜とともに盛る。

アドバイス

できるだけ脂身の少ない赤身の切り落としを使います。

Ⓐ 広げた牛肉の半分に具材をのせる。

Ⓑ 何ものっていない側の牛肉を折ってかぶせる。

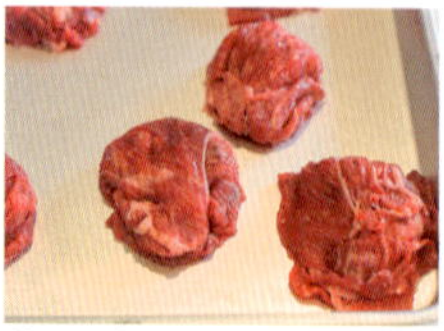

Ⓒ 具材がはみだしていないかチェックし、手で押さえてなじませる。

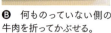

牛切り落とし肉のとっておき！

作るのは牛肉煮だけ。組み合わせが新しいのり巻き

甘辛い牛肉の味とすしめしがよく合います。白菜キムチ、甘酢しょうがを入れましたが、ナムルなどあえものがあればそれを一緒に巻くことも。牛肉煮を作っておけば意外に簡単。お弁当やもてなしの〆のごはんにも。

牛肉のり巻き2種

材料（2〜3人分・中巻き4本分）

米……2合
A ┃ 砂糖……大さじ2
　┃ 酢……大さじ4
　┃ 塩……小さじ½
牛肉（切り落とし）……150g
B ┃ 砂糖、しょうゆ……各大さじ1½
焼きのり（全形）……4枚
甘酢しょうが（汁けをきる）……大さじ3
白菜キムチ（汁けをきる）……60g
サンチュ……4枚
サラダ菜……6〜8枚

サンチュ甘酢しょうが巻き

サラダ菜キムチ巻き

作り方

1 すしめしを作る。米は洗い、水けをきって炊飯器に入れ、2合の目盛りよりも控えめに水加減して30分ほど浸水して普通に炊く。飯台やボウルに移し、Aを順にふり入れ、切るように混ぜ、うちわなどであおいで粗熱をとる。

2 牛肉煮を作る。フライパンに油はひかずに牛肉を広げるようにして入れてから炒める。ほぼ火が通ったらBを加えてよくからめる。汁けがなくなるまで煮つめ、皿やバットに広げて冷ます。

3 サンチュ甘酢しょうが巻きを作る。巻きすに焼きのり1枚をのせ、すしめしの¼量をのせ、向こう側2〜3㎝は残して均等に広げる(Ⓐ)。真ん中よりも少し手前にサンチュ2枚を交互に広げ、2の牛肉煮の¼量、甘酢しょうがが半量をのせる。巻きすを持ち上げ、両手で具材を軽く押さえ(Ⓑ)、一気に端まできつく巻く。巻き終わりを下にしておく。同様にもう1本巻く。

4 サラダ菜キムチ巻きを作る。サラダ菜3〜4枚、2の牛肉煮、白菜キムチとのせ(Ⓒ)、3と同様にして2本巻く。

5 包丁をぬれぶきんでふきながら、好みの幅に切って器に盛る。

アドバイス

巻きずしを切るときは、1回ずつ包丁をぬれぶきんでふきながら切ってみてください。切りやすく、きれいな切り口に。

Ⓐ のりの端を2〜3㎝残してすしめしを平らに広げる。

Ⓑ サンチュ、牛肉煮、甘酢しょうがをのせたら巻きすを持ち上げて巻く。

Ⓒ サラダ菜、牛肉煮、白菜キムチをのせて同様に巻く。

Column 2

献立の幅を広げる汁もの・スープ

汁ものやスープがささっと作れると、もう1品欲しいときに役立ちます。

卵で

とろみをつけてから卵を流し入れる かき玉汁

材料（2人分）と作り方

1　ボウルに卵1個を割りほぐす。水菜少々は3㎝長さに切る。

2　鍋にだし汁（P14 参照）1½カップを入れて温め、塩小さじ¼、淡口しょうゆ小さじ½で味をととのえ、片栗粉小さじ2を倍量の水で溶いた水溶き片栗粉でとろみをつける。

3　溶き卵は菜箸を当てながら流し入れ、ひと呼吸おいてから、軽く混ぜる。器に盛り、水菜をのせる。

卵で

卵を半熟に仕上げる
卵入り野菜スープ

材料（2人分）と作り方

1　好みの野菜（写真はキャベツ、玉ねぎ、にんじん、じゃがいも、エリンギ）は食べやすく一口大に切り、2カップ分を準備。にんにく½かけはつぶす。ベーコン（厚切り）60gは細切りにする。

2　鍋に1と水2カップを入れて中火にかける。煮立ったら弱めの中火にし、ふたをして15分ほど煮る。

3　野菜がやわらかくなったら、味をみて塩少々でととのえる。少し離してくぼみを二つ作り、卵2個を1個ずつ落とす。ふたをして3～4分煮て、白身が固まったら火を止める。器に盛り、好みでオリーブ油少々を回しかける。

豆腐で

油揚げは細かく切って
コクを出す

豆腐のみそ汁

材料（2〜3人分）と作り方

1　豆腐（好みのもの）⅓丁（100g）は角切りにする。油揚げ⅓枚は端を少し切って開き、粗みじん切りにする。にら5本は4〜5cm長さに切る。

2　鍋にだし汁（P14参照）1½カップを温め、豆腐、油揚げを入れて3分ほど煮る。みそ大さじ1を溶き入れ、にらを加えて火を止める。

豆腐で

豆腐はしっかり水きりする

細切り豆腐のおつゆ

材料（2〜3人分）と作り方

1　木綿豆腐⅓丁（100g）はペーパータオルに包み、バットと重石をのせて30分ほどおく。しっかり水きりできたら細切りにする。

2　鍋にだし汁（P14参照）1⅓カップを入れて温め、塩二つまみ、しょうゆ小さじ½で味をととのえ、1を加えてひと煮立ちさせる。器に盛り、貝割れ菜少々は根元を切って散らす。

牛切り落とし肉で

きのこのうまみをプラス
牛肉としめじのスープ

材料（2〜3人分）と作り方

1 牛肉（切り落とし）50gは一口大に切る。しめじ1/3パックは根元を除き、粗くほぐす。

2 鍋に牛肉を広げるように入れて弱火にかけ、油なしで炒める。肉の色が変わったら、しめじを加えてさっと炒める。だし汁（P14参照）2½カップを加えて煮立て、アクを除き、塩小さじ½を加える。器に盛り、好みですだちなどを添える。

牛切り落とし肉で

レタスの歯ごたえがアクセントの
牛肉とレタスのスープ

材料（2〜3人分）と作り方

1 牛肉（切り落とし）50gは一口大に切る。トマト1個は2cm幅にくし形に切る。レタス2枚は大きめにちぎる。

2 鍋にだし汁（P14参照）2カップを入れて煮立て、1を加えてさっと煮る。アクを除き、塩小さじ¼、淡口しょうゆ小さじ1〜2を加える。

飛田《ひだ》和緒《かずを》

1964年、東京生まれ。高校3年間を長野で過ごし、短大進学とともに再び東京で暮らす。会社員などを経て料理家に。日々の暮らしの中から生まれる、身近な食材で作る無理のないシンプルなレシピが人気。料理の基本は、子どものころに一緒に暮らした祖母や料理上手な母を見て覚える。最初に得意になったものは、「おむすび」と「みそ汁」。進学のために離れて暮らす娘の得意な料理は、小学校の家庭科の料理実習で覚えた「スクランブルエッグ」。次に「だし巻き卵」で、だし汁大さじ1からスタートし、今は卵3個にだし汁大さじ3、しょうゆ小さじ1の割合で作る。著書に『常備菜』『副菜』（ともに主婦と生活社）、『いちばんやさしい魚の食べ方』（オレンジページ）など多数。

STAFF

デザイン　佐藤芳孝
撮影　吉田篤史
スタイリング　久保原惠理
編集　相沢ひろみ
校正　麦秋アートセンター

※ 本書は、2019年8月～2024年12月まで「おかず製作所」から刊行し、Amazon Kindle限定で販売していた以下の電子書籍を再編集し、新規レシピを加えて書籍化した商品です。

『わが家の定番　家族ごはん①　牛切り落とし肉』
『わが家の定番　家族ごはん②　豆腐』
『わが家の定番　家族ごはん③　卵』

飛田和緒の
得意が見つかる定番ごはん

2025年 3月 31日　第1刷発行

著者　飛田和緒
発行人　松井謙介
編集人　後藤嘉信
企画編集　柏倉友弥
発行所　株式会社 ワン・パブリッシング
〒105-0003 東京都港区西新橋 2-23-1
印刷所　日経印刷株式会社
DTP　株式会社グレン

●この本に関する各種お問い合わせ先
本の内容については、下記サイトのお問い合わせフォームよりお願いします。
https://one-publishing.co.jp/contact/
不良品（落丁、乱丁）については業務センター tel：0570-092555　〒354-0045 埼玉県入間郡三芳町上富 279-1
在庫・注文については書店専用受注センター tel：0570-000346